명심보감

明心寶鑑

따라쓰기

이 책을 펼친 여러분 환영해요.

「명심보감(明心寶鑑)」은 우리 삶의 기본을 바로 세우고 마음을 다스리는 지혜로 가득한 책이에요. 이 책은 원래 명나라의 범입본(范立本)이라는 학자가 짓고, 우리나라에서는 고려시대 추적(秋適)이라는 학자가 편찬했어요. 굉장히 오래된 책이지요?

「명심보감(明心寶鑑)」은 '마음을 밝히는 보물과 같은 거울'이라는 뜻이에요. 이름에 걸맞게 역사상 유명한 사람들의 말과 책에서 가려 뽑은 문장이 들어있어요. 한 마디로 고전 명언 모음집이지요.

「명심보감」은 옛날 우리 선조들이 어릴 때 서당이나 집에서 공부할 때 썼던 교재예요. 「사자소학(四字小學)」이나 「천자문(千字文)」처럼요. 우리 선조들은 어린 시절부터 마음을 다스리고 인성을 가꾸어야 한다고 생각했어요. 그래서 이 책에는 나의 마음을 잘 다스리는 방법, 사회 속에서 인간관계를 잘 맺고 살아가는 방법, 그리고 처세의 지혜가 담겨 있어요. 오늘날 청소년들의 인성을 키워주는 데 「명심보감」만큼 좋은 책이 없답니다. 그래서 여기서는 「명심보감」 19편 중에서 여러분들에게 도움이 될 만한 글을 골라 담았어요.

각 편의 주요 내용은 아래와 같아요.

〈계선편(繼善篇)〉은 선(善)한 행동을 하는 사람에게는 복이 오고 그렇지 않은 사람에게는 재앙이 닥친다는 내용이 담겨 있어요. 〈천명편(天命篇)〉은 양심에 거슬러 죄를 짓지 말라는 내용을, 〈순명편(順命篇)〉은 주어진 운명에 순응하고 자기 분수를 지키며 살 것을 알려주고 있어요. 그리고 〈효행편(孝行篇)〉은 부모님에 대한 효의 중요성을 전하고 있어요.

〈정기편(正己篇)〉은 몸과 마음을 닦는 데 도움이 되는 내용을, 〈안분편(安分篇)〉은 자기 분수를 지키고 욕심을 부리지 말라는 내용을 전하고 있어요. 〈존심편(存心篇)〉은 주위에 마음을 빼앗기지 말고 마음을 보존해야 한다는 내용이, 〈계성편(戒性篇)〉은 나의 올바른 품성을 잘 제어하고 경계하라는 내용이 주를 이루고 있어요. 〈근학편(勤學篇)〉은 배움의 중요성을 강조하고, 〈훈자편(訓子篇)〉은 자식 교육에 대해 말하고 있어요.

〈성심편(省心篇)〉은 〈명심보감〉 중에서 가장 많은 양을 차지하고 있고, 상·하 2개 편으로 나누기도 해요. 마음을 편하게 하고 욕심을 버리고 겸손하게 사람들과 잘 어울려 지낼 것을 강조해요. 〈입교편(立敎篇)〉은 인간관계의 도리와 사회적인 관계 속에서 가르침을 바로 세워야 함을 강조하고 있어요. 〈치정편(治政篇)〉은 공직을 수행하는 사람들을 위한 조언을, 〈치가편(治家篇)〉은 집안을 다스리는 방법을 말해 주고 있어요. 〈안의편(安義篇)〉은 부부, 형제, 다른 사람들 사이에서 지켜야 할 도리를, 〈준례편(遵禮篇)〉은 사람 사이에 예의를 알려 주고, 〈언어편(言語篇)〉은 말의 중요성을, 〈교우편(交友篇)〉은 친구를 사귀는 도리를 알려 주고 있어요. 〈부행편(婦行篇)〉에는 부녀자의 덕행에 대해 나와 있어요.

「명심보감」은 처음부터 읽어도 좋지만, 마음 가는 곳부터 펼쳐서 봐도 좋아요. 문장을 한 자 한 자 따라 쓰고, 그 속에 담긴 뜻을 마음에 새긴다면 인문학적 소양은 물론, 배려·책임·자존감을 기르는 데 큰 도움이 될 거예요.

여러분이 이 책으로 마음의 양식을 잘 키워 나가길 바랍니다.

여러분을 응원하는

임성훈 선생님이

목 차

일러두기

이 책은 법입본(范立本)이 짓고, 추적(秋適)이 19편으로 엮은 「명심보감」을 편역하였음을 밝힙니다.

⊙ 상하 구조의 것은 위에서부터 아래로 씁니다.

二 → 三 → 三

⊙ 좌우 대칭형의 것은 가운데를 먼저 쓰고, 좌우의 것은 나중에 씁니다.

小 → 小 → 小

⊙ 글자 전체를 관통하는 세로 획은 맨 마지막에 씁니다.

中 → 中 → 口 → 中

⊙ 좌우 구조의 것은 왼쪽에서부터 오른쪽으로 씁니다.

北 → 北 → 北 → 北 → 北

⊙ 내외 구조의 것은 바깥 것을 먼저 쓰고, 안의 것은 나중에 씁니다.

四 → 四 → 四 → 四 → 四

나의 좌우명

나의 다짐

◈ 명심보감 필사를 마친 뒤 마음에 와닿는 문장을 골라 쓰고, 자기 다짐도 써 보세요.

1장

계선편 繼善篇

'계선(繼善)'은 '선(善)을 이어 나간다'라는 뜻이에요. 사람은 본래 하늘을 닮아 '선(善)'의 씨앗을 타고 났지만 노력하지 않으면 그 본성을 잃을 수 있어요. 〈계선편〉에서는 선(善)의 실천 여부에 따라 복이 이르기도 하고, 재앙이 닥치기도 한다는 점을 강조하고 있어요. 어떻게 하면 선한 본성을 지킬 수 있을지 생각하며 읽어 보세요.

爲善者는 天報之以福하고
위 선 자 천 보 지 이 복

爲不善者는 天報之以禍니라
위 불 선 자 천 보 지 이 화

선한 일을 하는 자에게 하늘은 복으로 갚아 주고,
선하지 않은 일을 하는 자에게 하늘은 재앙으로 갚느니라.

爲	善	者	天	報	之	以	福		
할 **위**	착할 **선**	사람 **자**	하늘 **천**	갚을 **보**	어조사 **지**	써 **이**	복 **복**		

爲	不	善	者	天	報	之	以	禍
할 **위**	아닐 **불**	착할 **선**	사람 **자**	하늘 **천**	갚을 **보**	어조사 **지**	써 **이**	재앙 **화**

인성
질문

- 착한 일을 하더라도 꼭 좋은 결과가 일어나지 않기도 해요. 그렇다 해도 우리가 착한 일을 꼭 해야 할 이유는 무엇인지 생각해 보세요.
- 내 행동에 대한 결과는 가끔 시간이 걸려 나타나기도 하고, 예상과 다른 결과가 일어나기도 해요. 선한 행동을 하고도 결과에 연연하지 않으려면 어떤 마음을 가져야 할까요?

勿以善小而不爲하고
물 이 선 소 이 불 위

勿以惡小而爲之하라
물 이 악 소 이 위 지

선한 일이 작더라도 꼭 행하고,
악한 일은 작더라도 하지 말라.

勿	以	善	小	而	不	爲	
말 **물**	써 **이**	착할 **선**	작을 **소**	말 이을 **이**	아닐 **불**	할 **위**	

勿	以	惡	小	而	爲	之	
말 **물**	써 **이**	악할 **악**	작을 **소**	말 이을 **이**	할 **위**	어조사 **지**	

인성
질문

- 양심을 거스르는 나쁜 일을 하면서 많은 돈을 벌 수 있더라도 그런 행동을 하지 않아야 해요. 우리가 양심을 지켜야 하는 이유는 무엇일까요?
- 작은 잘못이라도 계속하다 보면 점점 더 큰 잘못에도 양심의 저항이 줄어들기 마련이에요. 잘못인 걸 알게 된 뒤, 똑같은 잘못을 저지르지 않으려면 어떻게 하면 좋을지 생각해 보세요.

一日不念善이면
일 일 불 념 선

諸惡이 皆自起니라
제 악 개 자 기

하루라도 선을 생각하지 않으면,
온갖 악이 모두 저절로 일어난다.

一	日	不	念	善			
한 **일**	날 **일**	아닐 **불**	생각 **념**	착할 **선**			

諸	惡	皆	自	起			
모두 **제**	악할 **악**	모두 **개**	스스로 **자**	일어날 **기**			

**인성
질문**

• 선한 것을 생각하지 않으면 악한 생각이 저절로 일어나는 이유는 무엇일까요? 내 안에 나쁜 마음이 자리
잡지 않도록 하려면 내 마음을 들여다봐야 할 거예요. 그 방법에는 무엇이 있을지 생각해 보세요.
• 인간의 역사는 끊임없는 전쟁과 투쟁의 역사였어요. 사람들은 왜 서로를 해치면서 자기에게 이익이 되는
방향으로 행동한 경우가 많았을까요?

終身行善이라도 善猶不足이요
종 신 행 선　　　　　선 유 부 족

一日行惡이라도 惡自有餘니라
일 일 행 악　　　　　악 자 유 여

평생 선한 일을 하더라도 선은 오히려 부족하고,
단 하루 악을 행하더라도 악은 저절로 넘치게 된다.

終	身	行	善	善	猶	不	足
마칠 **종**	몸 **신**	행할 **행**	착할 **선**	착할 **선**	오히려 **유**	아닐 **부(불)**	족할 **족**

一	日	行	惡	惡	自	有	餘
한 **일**	날 **일**	행할 **행**	악할 **악**	악할 **악**	스스로 **자**	있을 **유**	남을 **여**

**인성
질문**

- 만약 자기 잘못이 아닌 이유로, 남에게 책망을 듣는다면 어떤 마음이 들까요? 반대로 우리는 살아가면서 종종 남 탓을 할 때도 있지요. 자기 잘못인 것을 알면서도 남에게 핑계를 댔던 적이 있는지 떠올리고 그 사람에게 간단한 메모를 써 보세요.
- 선한 행동을 열 번 하고 악한 행동을 한 번 하면 괜찮을까요? 선과 악은 상쇄될 수 있는 것일까요?

恩義를 廣施하라 人生何處不相逢이랴
은 의 광 시 인 생 하 처 불 상 봉

讐怨을 莫結하라 路逢狹處면 難回避니라
수 원 막 결 노 봉 협 처 난 회 피

은혜와 의리를 널리 베풀어라. 인생의 어느 곳에서든 서로 만나지 않겠는가?
원수와 원한을 맺지 말라. 좁은 길에서 만나면 돌아가거나 피하기 어렵다.

恩	義	廣	施	人	生	何	處	不	相	逢	
은혜 **은**	의리 **의**	넓을 **광**	베풀 **시**	사람 **인**	날 **생**	어느 **하**	곳 **처**	아닐 **불**	서로 **상**	만날 **봉**	

讐	怨	莫	結	路	逢	狹	處	難	回	避	
원수 **수**	원망할 **원**	말 **막**	맺을 **결**	길 **노(로)**	만날 **봉**	좁을 **협**	곳 **처**	어려울 **난**	돌 **회**	피할 **피**	

인성
질문

- 주변 사람들을 도울 수 있었는데도 그냥 지나친 적이 있나요? 지나치고 나서 어떤 마음이 들었나요? 그리고 그때로 다시 돌아간다면 어떻게 하고 싶은가요?
- 동화 〈은혜 갚은 까치〉에서 선비는 까치에게 은혜를 베푼 덕에 까치의 도움으로 죽을 위기에서 벗어났어요. 반대 경우도 있을 거예요. 속담 '원수는 외나무다리에서 만난다'와 연결해서 이 말의 의미를 생각해 보세요.

於我善者도 我亦善之하고
어 아 선 자 　 아 역 선 지

於我惡者도 我亦善之니라
어 아 악 자 　 아 역 선 지

나에게 선하게 하는 사람에게 나 역시 선하게 대하고,
나에게 악하게 하는 사람에게도 나는 또한 선하게 대할 것이다.

於	我	善	者	我	亦	善	之
어조사 **어**	나 **아**	착할 **선**	사람 **자**	나 **아**	또 **역**	착할 **선**	어조사 **지**

於	我	惡	者	我	亦	善	之
어조사 **어**	나 **아**	악할 **악**	사람 **자**	나 **아**	또 **역**	착할 **선**	어조사 **지**

인성
질문

- 나에게 악하게 대하는 사람에게 똑같이 악으로 갚아준 경험이 있나요? 만약 같은 상황에서 그 사람을 선하게 대한다면 어떤 일이 생길까요?
- 속담 '눈에는 눈, 이에는 이'라는 말처럼, 모든 사람이 남이 자신에게 한 것을 그대로 갚으려고 하면 어떤 일이 벌어질지 생각해 보세요.

2장

천명편 天命篇

'천명(天命)'은 '하늘이 인간에게 내리는 명령'이에요. '하늘(天)'은 '우주 자연의 이치와 법칙', 혹은 '선한 본성과 양심'이라고 생각하면 됩니다. 〈천명편〉에서는 하늘은 무심한 듯 보이지만, 한 치의 어긋남도 없이 선한 자에게 복을 주고, 악한 자에게 벌을 준다는 것을 알려 주고 있어요. 복을 받기 위해서가 아니더라도 내 양심에 거리낌이 없도록 행동하는 방법에는 무엇이 있을지 생각하며 읽어 보세요.

07
천명편

天聽이 寂無音하니 蒼蒼何處尋고
천 청 적 무 음 창 창 하 처 심

非高亦非遠이라 都只在人心이니라
비 고 역 비 원 도 지 재 인 심

하늘의 들음은 고요하여 소리 없으니, 푸르고 푸른 하늘 어느 곳에서 찾을 것인가?
높은 곳에도 먼 곳에도 있지 않으니, 모두 다만 사람 마음속에 있구나.

天	聽	寂	無	音	蒼	蒼	何	處	尋
하늘 **천**	들을 **청**	고요할 **적**	없을 **무**	소리 **음**	푸를 **창**	푸를 **창**	어느 **하**	곳 **처**	찾을 **심**

非	高	亦	非	遠	都	只	在	人	心
아닐 **비**	높을 **고**	또 **역**	아닐 **비**	멀 **원**	모두 **도**	다만 **지**	있을 **재**	사람 **인**	마음 **심**

인성 질문

• 여기서 '하늘의 들음'은 '천명', '자연의 이치'를 나타내는 말이에요. '자연의 이치는 겉으로 드러나지 않고 사람의 마음속에 있다'라는 말은 어떤 의미일까요?
• 외부가 아닌 내 안에서 '천명'을 찾으려면 어떻게 해야 할까요? 나의 내면을 탐구하고 음미하는 방법에는 무엇이 있을지 생각해 보세요.

人間私語라도 天聽은 若雷하고
인 간 사 어 　　천 청 　 약 뢰

暗室欺心이라도 神目은 如電이니라
암 실 기 심 　　 신 목 　 여 전

사람들 사이의 사사로운 말이라도 하늘의 들음은 우레와 같고,
어두운 방 안에서 마음을 속이더라도 신의 눈은 번개와 같다.

人	間	私	語	天	聽	若	雷
사람 **인**	사이 **간**	사사로울 **사**	말씀 **어**	하늘 **천**	들을 **청**	같을 **약**	우레 **뢰**

暗	室	欺	心	神	目	如	電
어두울 **암**	집 **실**	속일 **기**	마음 **심**	귀신 **신**	눈 **목**	같을 **여**	번개 **전**

인성
질문

- 내가 하는 모든 말을 남이 들을 수 있다면 어떤 좋은 점이 있을까요? 반대로 어떤 나쁜 점이 있을까요? 생 각해 보세요.
- 사람들은 '너한테만 하는 말인데…', '이건 비밀인데…' 하면서 이야기하는 경우가 있어요. 비밀은 잘 지켜 질 수 있을까요? 남의 비밀을 들었을 때는 어떻게 처신하면 좋을까요?

天網이 恢恢하여 疎而不漏니라
천 망 회 회 소 이 불 루

하늘의 그물은 넓고 넓어 성기지만 새지는 않는다.

天	網	恢	恢	疎	而	不	漏
하늘 **천**	그물 **망**	넓을 **회**	넓을 **회**	성길 **소**	말 이을 **이**	아닐 **불**	샐 **루**
天	網	恢	恢	疎	而	不	漏
하늘 **천**	그물 **망**	넓을 **회**	넓을 **회**	성길 **소**	말 이을 **이**	아닐 **불**	샐 **루**

인성
질문

• 속담 '콩 심은 데 콩 나고, 팥 심은 데 팥 난다'와 연결해서 이 말의 의미를 생각해 보세요.
• 내가 선한 마음으로 선한 행동을 하면, 즉 선한 씨를 뿌리면 좋은 일이 생기고, 그렇지 않으면 재앙이 닥칠 수 있어요. 자기 행동에 대한 책임은 어떻게든 지게 되어 있어요. 책임감 있게 행동하려면 어떻게 해야 할지 생각해 보세요.

獲罪於天이면 無所禱也니라
획 죄 어 천　　무 소 도 야

하늘에 죄를 지으면 빌 곳이 없다.

獲	罪	於	天	無	所	禱	也
얻을 **획**	허물 **죄**	어조사 **어**	하늘 **천**	없을 **무**	곳 **소**	빌 **도**	어조사 **야**

獲	罪	於	天	無	所	禱	也
얻을 **획**	허물 **죄**	어조사 **어**	하늘 **천**	없을 **무**	곳 **소**	빌 **도**	어조사 **야**

인성
질문

- 여기에서 '하늘'은 '이치, 순리, 도(道)'를 뜻해요. 그렇다면 '하늘에 짓는 죄'는 무엇을 뜻할까요?
- 진정한 벌은 외부에서 내려지는 것일까요, 내면의 양심에서 오는 것일까요?

순명편 順命篇

'순명(順命)'은 '운명의 흐름을 거스르지 말고 순응하라'는 뜻이에요. 하지만 그저 운명에 굴복하고 살아가라는 것이 아니에요. 〈순명편〉에서는 이치를 거스르거나 분수를 벗어나는 것을 경계하는 내용을 담고 있어요. 어떻게 하면 이치를 따르며 사람들과 잘 어울려 살아갈 수 있을지 생각하며 읽어보세요.

11
순명편

萬事分已定이어늘
만 사 분 이 정

浮生空自忙이니라
부 생 공 자 망

인간 만사의 분수가 이미 정해져 있거늘,
덧없는 인생이 부질없이 홀로 바쁘구나.

萬	事	分	已	定			
일만 **만**	일 **사**	분수 **분**	이미 **이**	정할 **정**			

浮	生	空	自	忙			
뜰 **부**	날 **생**	헛될 **공**	스스로 **자**	바쁠 **망**			

인성
질문

• '인간 만사의 분수'는 흔히 말하는 '운명'이라고 할 수 있어요. 인간의 운명은 모두 정해져 있는 것일까요?
  속담 '송충이는 솔잎을 먹어야 산다'는 말처럼, 내가 송충이라고 한계를 짓는 것은 아닐까요?
• 어떤 사람들은 부질없는 욕심을 채우기 위해 즐거움을 느낄 새도 없이 바쁘게 살아가지요. 이들을 보면 어
  떤 생각이 드나요?

12
순명편

禍不可倖免이요
화 불 가 행 면

福不可再求니라
복 불 가 재 구

재앙은 요행으로 피할 수 없고,
복은 두 번 다시 구하지 못한다.

禍	不	可	倖	免			
재앙 **화**	아닐 **불**	가히 **가**	요행 **행**	면할 **면**			

福	不	可	再	求			
복 **복**	아닐 **불**	가히 **가**	두 번 **재**	구할 **구**			

인성
질문

- 좋은 일이든 나쁜 일이든 일어날 일은 일어납니다. 피하려고 해도 피하기 힘든 일이 있어요. 그렇다면 눈 앞에 닥친 일을 어떻게 바라봐야 좋을지 생각해 보세요.
- 속담 '언 발에 오줌 누기'처럼 임시방편으로 불행을 피한다 한들, 어쩌다 한 번은 통할 수 있어도 항상 좋은 결과가 나타나지는 않아요. 이런 적이 있는지 이야기해 보세요.

癡聾痼啞도 家豪富요
치 롱 고 아 가 호 부

知慧聰明도 却受貧이라
지 혜 총 명 각 수 빈

어리석고 귀먹고 고질병이 있거나 벙어리라도 집은 권세 있고 부유할 수 있다.
지혜롭고 총명한 사람이라도 도리어 가난할 수 있다.

癡	聾	痼	啞	家	豪	富	
어리석을 **치**	귀먹을 **롱**	고질 **고**	벙어리 **아**	집 **가**	성할 **호**	부유할 **부**	

知	慧	聰	明	却	受	貧	
알 **지**	슬기로울 **혜**	귀 밝을 **총**	밝을 **명**	도리어 **각**	받을 **수**	가난할 **빈**	

인성
질문

- 지혜로운 사람이 항상 부유한 것은 아니에요. 그럼에도 우리는 지혜로워지기 위해 부단히 노력하지요. 그 이유는 무엇일까요?
- 부귀와 권력은 노력한다고 얻을 수 있는 것이 아닐지도 모릅니다. 그렇다면 나는 어떤 가치를 추구해야 할 지 생각해 보세요.

4장 효행편 孝行篇

'효행(孝行)'은 '효의 실천'을 가리키는 말이에요. 효는 인간성의 근본이라고 할 수 있어요. 〈효행편〉에서는 효의 근본은 겉으로 드러나는 형식이 아니라 마음이라는 것을 강조하고 있어요. 나를 낳고 길러주신 부모님의 은혜에 감사하는 마음을 되새기며 읽어 보세요.

哀哀父母여 生我劬勞삿다
애 애 부 모 　　 생 아 구 로

欲報深恩인대 昊天罔極이로다
욕 보 심 은 　　 호 천 망 극

슬프고 슬프구나, 부모님이시여! 나를 낳아 기르느라 힘들게 수고하셨네.
깊은 은혜 갚고 싶지만 넓은 하늘처럼 끝이 없구나.

哀	哀	父	母	生	我	劬	勞
슬플 **애**	슬플 **애**	아버지 **부**	어머니 **모**	날 **생**	나 **아**	수고로울 **구**	일할 **로**

欲	報	深	恩	昊	天	罔	極
바랄 **욕**	갚을 **보**	깊을 **심**	은혜 **은**	하늘 **호**	하늘 **천**	없을 **망**	다할 **극**

- 부모님께서 나를 낳고 기르시면서, 어떤 노력을 하셨을지 생각나는 것을 적어 보세요.
- 속담 '까마귀도 제 부모를 먹인다'나 성어 '반포지효(反哺之孝, 자식이 자라서 부모님께 보답하는 효심)'와 같은 말은 예나 지금이나 우리 삶의 큰 지침이에요. 부모님에게 받은 사랑을 갚기 위해서 나는 어떻게 행동하고 있나요? 또 앞으로 어떻게 살아가야 할까요?

父母在어시든 不遠遊하며
부 모 재 불 원 유

遊必有方이니라
유 필 유 방

부모님께서 살아 계실 때는 멀리 떠돌지 말 것이며,
떠나야 할 때면 반드시 가는 곳을 말씀 드려야 한다.

父	母	在	不	遠	遊		
아버지 **부**	어머니 **모**	있을 **재**	아닐 **불**	멀 **원**	떠돌 **유**		

遊	必	有	方				
떠돌 **유**	반드시 **필**	있을 **유**	장소 **방**				

**인성
질문**

• 이 말을 있는 그대로 받아들이기에는 무리가 있어요. 항상 부모님 곁에서 모시기는 힘든 일이니까요. 그렇다면 부모님과 물리적인 거리가 아닌, 심리적인 거리를 가깝게 하여 지낼 수 있는 방법에는 무엇이 있을지 생각해 보세요.

16
효행편

孝順은 還生孝順子요
효 순 환 생 효 순 자

忤逆은 還生忤逆子니라
오 역 환 생 오 역 자

부모에게 효도하고 순종하는 사람은 또한 효도하고 순종하는 자식을 낳을 것이요,
부모의 뜻을 거스르는 사람은 또한 거역하는 자식을 낳을 것이다.

孝	順	還	生	孝	順	子	
효도 **효**	따를 **순**	돌아올 **환**	날 **생**	효도 **효**	따를 **순**	아들 **자**	

忤	逆	還	生	忤	逆	子	
거스를 **오**	거스를 **역**	돌아올 **환**	날 **생**	거스를 **오**	거스를 **역**	아들 **자**	

인성
질문

• 속담 '부모가 착해야 효자 난다'와 연결해서 이 말의 의미를 생각해 보세요.
• 왜 자식은 부모의 모습을 보고 그대로 배우게 될까요? 내가 배우고 싶은 부모님의 멋진 모습에는 어떤 것
  이 있는지 생각해 보세요.

5장 정기편 正己篇

'정기(正己)'는 '자기를 바르게 하다'라는 뜻으로, 자신을 성찰하고 절제하며, 행동을 삼가는 것을 말하지요. 〈정기편〉에서는 다른 사람과 세상을 탓하기 전에 자기부터 바르게 다스릴 것을 강조하고 있어요. 자기 수양의 길에는 어떤 것이 있는지 생각하며 읽어 보세요.

大丈夫當容人이언정
대 장 부 당 용 인

無爲人所容이니라
무 위 인 소 용

대장부는 마땅히 다른 사람을 포용할지언정,
다른 사람에게 수용되는 일은 없어야 한다.

大	丈	夫	當	容	人		
큰 **대**	어른 **장**	사나이 **부**	마땅 **당**	담을 **용**	사람 **인**		

無	爲	人	所	容			
없을 **무**	할 **위**	사람 **인**	바 **소**	담을 **용**			

- 내가 리더로서 다른 사람을 포용했던 경험이 있는지 생각해 보세요. 그때 어떤 기분이 들었나요?
- 사람들은 각자 개성이 있고 취향과 의견이 다릅니다. 이런 다양한 사람들이 모인 조직에서 어떻게 해야 사람들을 한 방향으로 이끌어 갈 수 있을지 적어 보세요.

18
정기편

勿以貴己而賤人하고　勿以自大而蔑小하고
물 이 귀 기 이 천 인　　　　물 이 자 대 이 멸 소

勿以恃勇而輕敵이니라
물 이 시 용 이 경 적

자신을 귀하게 여겨 남을 천하다고 하지 말고, 자신을 크다 여겨 남이 작다 업신
여기지 말고, 자신의 용맹을 믿고서 적을 가볍게 여기지 말아야 한다.

勿	以	貴	己	而	賤	人	勿	以	自	大	而
말 물	써 이	귀할 귀	자기 기	말 이을 이	천하게 여길 천	사람 인	말 물	써 이	스스로 자	큰 대	말 이을 이

蔑	小	勿	以	恃	勇	而	輕	敵			
업신 여길 멸	작을 소	말 물	써 이	의지할 시	용감할 용	말 이을 이	가벼이 여길 경	원수 적			

인성 질문

- 이 말은 중국 주나라의 정치가였던 강태공이 했어요. 강태공은 노인이 다 되어서야 주문왕을 만나, 상나라를 멸망시키고 주나라를 세웠어요. 강태공이 평생 인내하면서 배운 삶의 자세는 무엇이었을까요?
- 자신도 귀하게 여기면서 동시에 다른 사람도 귀하게 대하려면 어떤 마음가짐이 필요할까요?

聞人之過失이어든 如聞父母之名하여
문 인 지 과 실　　　여 문 부 모 지 명

耳可得聞이언정 口不可言也니라
이 가 득 문　　　구 불 가 언 야

남의 과실을 들으면 부모님의 이름을 들은 것 같이 하여,
귀로는 듣더라도 입 밖으로 내지 말라.

聞	人	之	過	失	如	聞	父	母	之
들을 **문**	사람 **인**	어조사 **지**	허물 **과**	허물 **실**	같을 **여**	들을 **문**	아버지 **부**	어머니 **모**	어조사 **지**

名	耳	可	得	聞	口	不	可	言	也
이름 **명**	귀 **이**	가히 **가**	얻을 **득**	들을 **문**	입 **구**	아닐 **불**	가히 **가**	말씀 **언**	어조사 **야**

인성
질문

- 사람들이 다른 사람의 단점이나 허물을 말하는 행동에는 어떤 뜻이 숨어 있을까요?
- 남의 단점을 말하는 것은 자신의 성장에 도움이 되지 않아요. 다른 사람의 허물을 흉본 적이 있다면 그에게 어떻게 사과하면 좋을지 생각해 보세요.

20
정기편

勤爲無價之寶요
근 위 무 가 지 보

愼是護身之符니라
신 시 호 신 지 부

부지런함은 값을 매길 수 없는 보배요,
신중함은 몸을 보호하는 부적이다.

勤	爲	無	價	之	寶		
부지런할 **근**	할 **위**	없을 **무**	값 **가**	어조사 **지**	보배 **보**		

愼	是	護	身	之	符		
삼갈 **신**	이 **시**	보호할 **호**	몸 **신**	어조사 **지**	부적 **부**		

인성
질문

- 부지런하다고 모두 성공하는 것은 아니에요. 하지만 성공한 사람은 모두 부지런하지요. 성공하려면 부지런함에 더해 어떤 것이 필요할지 생각해 보세요.
- 성공한 사람이라고 하더라도 한순간 방심해서 모든 것을 잃을 수 있어요. 조심하지 않아서 낭패를 보았던 경험이 있나요? 매사에 신중하기 위해서는 어떤 습관이 필요할지 생각해 보세요.

道吾善者는 是吾賊이요
도 오 선 자 시 오 적

道吾惡者는 是吾師니라
도 오 악 자 시 오 사

나의 좋은 점을 말해 주는 사람은 나의 적이고,
나의 나쁜 점을 말해 주는 사람은 나의 스승이다.

道	吾	善	者	是	吾	賊	
말할 **도**	나 **오**	좋을 **선**	사람 **자**	이 **시**	나 **오**	도둑 **적**	

道	吾	惡	者	是	吾	師	
말할 **도**	나 **오**	악할 **악**	사람 **자**	이 **시**	나 **오**	스승 **사**	

인성
질문

• 나의 나쁜 점을 굳이 나에게 말해 주는 사람은 서먹해지더라도 도움을 주고자 그 말을 해주는 거예요. 그러니 친한 친구가 단점을 지적한다면 나를 돌아보는 계기로 삼으면 좋겠지요. 최근에 누군가 나의 단점을 말해 준 일이 있나요? 그것은 무엇이고 어떻게 하면 고칠 수 있을지 생각해 보세요.
• 성어 '양약고구(良藥苦口, 좋은 약은 입에 쓰다)'와 연결해서 이 말의 의미를 생각해 보세요.

22 정기편

食淡精神爽이요
식 담 정 신 상

心淸夢寐安이니라
심 청 몽 매 안

음식이 담박하면 정신이 상쾌하고,
마음에 욕심이 없으면 잠자리가 편안하다.

食	淡	精	神	爽			
음식 **식**	맑을 **담**	정신 **정**	정신 **신**	시원할 **상**			

心	淸	夢	寐	安			
마음 **심**	맑을 **청**	꿈 **몽**	잘 **매**	편안할 **안**			

인성 질문

- 성공하는 사람은 건강한 욕망으로 자신을 성장시켜요. 하지만 실패하는 사람은 분수를 넘는 욕심으로 항상 만족하지 못하고 불행한 삶을 살지요. 어떻게 하면 건강한 욕망을 추구할 수 있을지 생각해 보세요.
- 사람들은 누구나 무엇을 얻거나 바라는 마음이 있어요. 그렇다면 욕구와 욕심의 차이는 무엇일까요? 나의 일상에서 찾아 이야기해 보세요.

定心應物하면 雖不讀書라도
정 심 응 물 　 　 수 부 독 서

可以爲有德君子니라
가 이 위 유 덕 군 자

마음을 안정케 하여 사물을 대한다면, 비록 글을 읽지 않았다 하더라도
덕 있는 군자라 할 수 있다.

定	心	應	物	雖	不	讀	書
정할 **정**	마음 **심**	응할 **응**	물건 **물**	비록 **수**	아닐 **부(불)**	읽을 **독**	글 **서**

可	以	爲	有	德	君	子	
가히 **가**	써 **이**	할 **위**	있을 **유**	덕 **덕**	어진 이 **군**	사람 **자**	

인성
질문

- 우리는 종종 기쁨이나 슬픔, 분노 때문에 마음이 요동쳐서 상황을 제대로 바라보지 못할 때가 있어요. 마음을 안정시키려면 어떤 습관을 가지면 좋을까요?
- 자기 삶을 아름답게 가꾸는 데는 책을 읽는 것이 큰 도움이 되지요. 내가 읽은 책 중에서 마음을 안정시키는 데 도움이 된 것을 소개해 보세요.

24
정기편

懲忿을 如救火하고
징 분　　여 구 화

窒慾을 如防水하라
질 욕　　여 방 수

분노 그치기를 불 끄듯이 하고,
욕심 막기를 물 막듯이 하라.

懲	忿	如	救	火			
그칠 **징**	성낼 **분**	같을 **여**	막을 **구**	불 **화**			

窒	慾	如	防	水			
막을 **질**	욕심 **욕**	같을 **여**	막을 **방**	물 **수**			

인성
질문

- 분노에 휩싸여 계속해서 화를 내면 분노가 더 폭발해요. 어떻게 하면 화를 사그라뜨릴 수 있을지 나만의 방법을 적어 보세요.
- 욕심이 나쁘기만 한 것일까요? 욕심이 나에게 긍정적인 영향을 주는 것이 언제일까요? 행복은 욕심을 적절히 조절하는 데 달려 있어요. 어떻게 하면 욕심을 조절할 수 있을지 생각해 보세요.

無用之辯과 不急之察을
무 용 지 변 　 불 급 지 찰

棄而勿治하라
기 　이 　물 　치

쏠데없는 말과 급하지 않은 일은
내버려 두고 다스리지 말라.

無	用	之	辯	不	急	之	察
없을 **무**	쓸 **용**	어조사 **지**	말씀 **변**	아닐 **불**	급할 **급**	어조사 **지**	살필 **찰**

棄	而	勿	治				
버릴 **기**	말 이을 **이**	말 **물**	다스릴 **치**				

인성
질문

- 쏟아진 물은 주워 담을 수 없듯, 말도 내뱉은 뒤에는 돌이킬 수 없어요. 최근에 말을 함부로 한 적이 있나요? 그러지 않으려면 어떻게 해야 할지 생각해 보세요.
- 공부할 때나 일할 때 우선순위를 잘 정하려면 어떤 기준이 필요할까요? 자기만의 방법을 소개해 보세요.

26
정기편

酒中不語는 眞君子요
주 중 불 어　　진 군 자

財上分明은 大丈夫니라
재 상 분 명　　대 장 부

술에 취해도 말이 없는 것이 진정한 군자이며,
재물에 대해 태도가 분명한 것이 대장부다.

酒	中	不	語	眞	君	子	
술 **주**	가운데 **중**	아닐 **불**	말씀 **어**	참 **진**	어진 이 **군**	사람 **자**	

財	上	分	明	大	丈	夫	
재물 **재**	윗 **상**	나눌 **분**	밝을 **명**	큰 **대**	어른 **장**	사나이 **부**	

**인성
질문**

- 어른들이 술에 취하면 말이 많아지고 그러다 말을 함부로 하게 되는 경우가 많아요. 정신없는 상황에서도 말실수를 하지 않으려면 어떻게 해야 할까요?
- 사람들의 가치관 중 재물에 대한 태도는 매우 중요해요. 돈을 빌려 간 뒤 갚지 않는 친구가 있나요? 그 친구를 보면 어떤 마음이 드나요?

萬事從寬이면 其福自厚니라
만 사 종 관　　　기 복 자 후

모든 일에 너그러움을 따르면 그 복이 저절로 두터워진다.

萬	事	從	寬	其	福	自	厚
일만 **만**	일 **사**	따를 **종**	너그러울 **관**	그 **기**	복 **복**	스스로 **자**	두터울 **후**

萬	事	從	寬	其	福	自	厚
일만 **만**	일 **사**	따를 **종**	너그러울 **관**	그 **기**	복 **복**	스스로 **자**	두터울 **후**

**인성
질문**

- 다른 사람에게 너그럽지 않아서 갈등했던 적이 있나요? 만약 시간을 되돌려 다시 그 상황이 된다면 어떻게 행동하면 좋을지 생각해 보세요.
- 남에게는 너그럽게 대하더라도 자신에게만큼은 엄격해야 발전이 있어요. 최근에 지나치게 너그러운 기준으로 자기 합리화를 한 적이 있나요?

傷人之語는 還是自傷이니
상 인 지 어　　　환 시 자 상

含血噴人이면 先汚其口이니라
함 혈 분 인　　　선 오 기 구

남을 해치는 말은 도리어 자신에게 상처가 되니,
피를 머금어 남에게 뿜으려고 하면 먼저 자기 입이 더러워진다.

傷	人	之	語	還	是	自	傷
다칠 **상**	사람 **인**	어조사 **지**	말씀 **어**	도리어 **환**	이 **시**	스스로 **자**	다칠 **상**

含	血	噴	人	先	汚	其	口
머금을 **함**	피 **혈**	뿜을 **분**	사람 **인**	먼저 **선**	더러울 **오**	그 **기**	입 **구**

**인성
질문**

- 비난하는 말은 사람을 해치지요. 더불어 나도 부정적인 감정에 휩싸일 거예요. 남을 비난하는 습관을 고치려면 어떻게 하면 좋을지 생각해 보세요.
- 속담 '세 치 혀가 사람 잡는다'와 연결해서 이 말의 의미를 생각해 보세요. 다른 사람에게 충고할 때는 어떻게 하는 것이 좋을까요?

瓜田에 不納履하고
과 전 불 납 리

李下에 不整冠이니라
이 하 부 정 관

오이 밭에서는 신을 신지 말고,
오얏나무 아래에서는 갓을 고쳐 쓰지 말라.

瓜	田	不	納	履		
오이 **과**	밭 **전**	아닐 **불**	신을 **납**	신 **리**		

李	下	不	整	冠		
오얏나무 **이(리)**	아래 **하**	아닐 **부(불)**	정돈할 **정**	갓 **관**		

인성
질문

• 남들이 오해할 만한 행동을 했다가 낭패 당한 경험이 있었나요? 불필요한 오해를 사지 않으려면 어떻게 하면 좋을지 생각해 보세요.

• 반대로 내가 다른 사람의 말과 행동을 섣불리 판단하거나 오해했던 적이 있나요? 이런 오해를 막으려면 어떻게 하면 좋을까요?

喜怒는 在心하고
희 노   재 심

言出於口하니 不可不慎이니라
언 출 어 구   불 가 불 신

기쁨과 노여움은 마음에 있고,
말은 입을 통해 밖으로 나가니 조심하지 않을 수 없다.

喜	怒	在	心				
기쁠 **희**	성낼 **노**	있을 **재**	마음 **심**				

言	出	於	口	不	可	不	慎
말씀 **언**	날 **출**	어조사 **어**	입 **구**	아닐 **불**	가히 **가**	아닐 **불**	삼갈 **신**

인성 질문

• 우리는 때때로 떠오르는 생각과 감정을 억누르기 힘들 때가 있어요. 내 마음속 생각을 그대로 말해서 곤란했던 적이 있나요?

• '말은 마음의 거울'이라는 말이 있어요. 마음이 소리가 되어 입으로 나오는 것이 말이지요. 조심해서 말하는 나만의 방법이 있다면 소개해 보세요.

6장 안분편 安分篇

'안분(安分)'은 '분수에 맞아 편안하다'라는 말로, 여기서 '분 (分)'은 '분수, 운명, 직분'이라는 말이에요. 〈안분편〉에서는 지금 모습에 만족하라는 것이 아니라, 과한 욕심을 부리지 말라는 것을 강조하고 있어요. 끝도 없는 욕심을 채우려 하기보다는 가진 것에 만족할 줄 아는 행복한 사람이 되려면 어떻게 해야 할지 생각하며 읽어 보세요.

31
안분편

知足者는 貧賤亦樂이요
지 족 자 　 빈 천 역 락

不知足者는 富貴亦憂니라
부 지 족 자 　 부 귀 역 우

만족할 줄 아는 사람은 가난하고 천한 지위에 있어도 즐겁고,
만족할 줄 모르는 사람은 부유하고 귀한 지위에 있어도 근심이 있다.

知	足	者	貧	賤	亦	樂	
알 **지**	족할 **족**	사람 **자**	가난할 **빈**	천할 **천**	또 **역**	즐길 **락**	

不	知	足	者	富	貴	亦	憂
아닐 **부(불)**	알 **지**	족할 **족**	사람 **자**	부유할 **부**	귀할 **귀**	또 **역**	근심 **우**

인성
질문

- 아무리 돈이 많고 명예가 높은 사람도 그것에 만족하지 못하면 불행해요. 나는 지금 내 상황에 만족하고 있나요? 그렇지 않다면 어떤 점이 불만족스러운가요?
- 불만족스러운 나의 모습을 바꾸기 위해서 어떤 노력을 하면 좋을지 생각해 보세요.

滿招損하고 謙受益이니라
만 초 손 겸 수 익

(자만하여) 가득 차면 잃기 마련이고, 겸손하면 이로움을 얻는다.

滿	招	損	謙	受	益		
찰 **만**	부를 **초**	잃을 **손**	겸손할 **겸**	받을 **수**	더할 **익**		

滿	招	損	謙	受	益		
찰 **만**	부를 **초**	잃을 **손**	겸손할 **겸**	받을 **수**	더할 **익**		

인성 질문

• 자신감과 자만심은 어떤 공통점과 차이점이 있을지 생각해 보세요.

• 자기만 내세우며 타인을 존중하지 않는 모습은 사회를 불행하게 만들어요. 이런 사람을 보면 어떤 생각이 드나요? 그런 사람이 되지 않으려면 어떤 태도를 갖추어야 할까요?

33
안분편

安分身無辱이요
안 분 신 무 욕

知幾心自閑이라
지 기 심 자 한

분수에 맞게 편안하게 여기면 몸에 욕됨이 없고,
기미를 알면 마음이 절로 한가하다.

安	分	身	無	辱			
편안할 **안**	분수 **분**	몸 **신**	없을 **무**	욕될 **욕**			

知	幾	心	自	閑			
알 **지**	기미 **기**	마음 **심**	스스로 **자**	한가할 **한**			

*기미(幾微) : 세상 돌아가는 이치나 낌새.

인성
질문

- '분수에 맞게 산다'라는 말을 그저 '자신의 한계와 현실에 만족해야 한다'라고 이해하면 성장하기 힘들어요. 이 말을 어떻게 해석하면 좋을까요?
- 컵에 물을 가득 채워 마시려고 하면 흘리기 쉬워요. 넘치지 않을 정도로 채우는 것이 현명해요. 쓸데없는 욕심을 부려 곤란했던 적이 있는지 생각해 보세요.

34
안분편

不在其位하여는 不謀其政이니라
부 재 기 위　　　　　불 모 기 정

그 자리에 있지 않다면, 그 자리에서 해야 할 일을 도모하지 말라.

不	在	其	位	不	謀	其	政
아닐 **부(불)**	있을 **재**	그 **기**	자리 **위**	아닐 **불**	꾀할 **모**	그 **기**	정사 **정**

不	在	其	位	不	謀	其	政
아닐 **부(불)**	있을 **재**	그 **기**	자리 **위**	아닐 **불**	꾀할 **모**	그 **기**	정사 **정**

인성
질문

- 다른 사람의 일에 지나치게 참견하면 어떤 일이 벌어질까요? 속담 '남의 잔치에 감 놓아라 배 놓아라 한다'는 말처럼, 남의 일에 참견해서 곤란했던 경험이 있었다면, 왜 그렇게 되었는지 생각해 보세요.
- 우리는 다른 사람의 상황을 완벽히 이해할 수는 없어요. 성어 '역지사지(易地思之, 처지를 바꾸어 생각하다)'와 연결해서 이 말의 의미를 생각해 보세요.

7장

존심편 存心篇

'존심(存心)'은 '마음을 보존한다'라는 말이에요. 우리 마음은 다른 사람의 말이나 여러 가지 상황에 이리저리 흔들리기 쉬워요. 〈존심편〉에서는 자기 마음을 잘 지키는 것이 자신을 지키는 것이라는 점을 강조하고 있어요. 내 마음을 잘 다스려서 평정심을 유지하는 현명한 사람이 되려면 어떻게 해야 할지 생각하며 읽어 보세요.

坐密室을 如通衢하고
좌 밀 실 　 여 통 구

馭寸心을 如六馬면 可免過니라
어 촌 심 　 여 육 마 　 가 면 과

밀실에 앉아 있더라도 왕래 많은 큰 거리에 있듯이 하고,
작은 뜻을 부리기를 여섯 필의 말을 부리듯이 하면 허물을 면할 수 있다.

坐	密	室	如	通	衢	馭	寸
앉을 **좌**	비밀 **밀**	집 **실**	같을 **여**	통할 **통**	갈림길 **구**	말 부릴 **어**	마디 **촌**

心	如	六	馬	可	免	過	
마음 **심**	같을 **여**	여섯 **육(륙)**	말 **마**	가히 **가**	면할 **면**	허물 **과**	

**인성
질문**

• 혼자 있더라도 다른 사람들이 나를 보고 있다고 생각하면 함부로 행동하지 않을 거예요. 이와 같이 신중하게 행동하는 데 도움이 되는 것에는 무엇이 있을까요?

• 혼자 있을 때 내 마음을 내팽개쳐 두면, 주변 사건이나 자극에 금방 마음이 흔들려 실수할 수 있어요. 마음을 잘 다스리는 방법에 대해서 주변 사람이나 책, 인터넷에서 찾아보고 정리해 보세요.

以責人之心으로 責己하고
이 책 인 지 심 　 책 기

恕己之心으로 恕人하라
서 기 지 심 　 서 인

남을 꾸짖는 그 마음으로 자신을 꾸짖고,
자신을 용서하는 그 마음으로 남을 용서하라.

以	責	人	之	心	責	己	
써 **이**	꾸짖을 **책**	사람 **인**	어조사 **지**	마음 **심**	꾸짖을 **책**	자기 **기**	

恕	己	之	心	恕	人	
용서할 **서**	자기 **기**	어조사 **지**	마음 **심**	용서할 **서**	사람 **인**	

**인성
질문**

- 아무리 어리석은 사람이라도 남의 허물을 찾는 것은 잘할 수 있어요. 반대로 뛰어난 사람도 자기 잘못은 잘 알지 못해요. 평소 나의 허물을 잘 알려면 어떻게 하면 좋을지 생각해 보세요.
- 속담 '똥 묻은 개가 겨 묻은 개 나무란다'와 연결해서 이 말의 의미를 생각해 보세요.

薄施厚望者는 不報하고
박 시 후 망 자　　불 보

貴而忘賤者는 不久니라
귀 이 망 천 자　　불 구

야박하게 베풀고 많이 바라는 자는 보답이 없고,
귀하게 되었다고 힘든 시절을 잊는 사람은 오래가지 못한다.

薄	施	厚	望	者	不	報	
적을 **박**	베풀 **시**	두터울 **후**	바랄 **망**	사람 **자**	아닐 **불**	갚을 **보**	

貴	而	忘	賤	者	不	久	
귀할 **귀**	말 이을 **이**	잊을 **망**	천할 **천**	사람 **자**	아닐 **불**	오랠 **구**	

인성
질문

- 흥부와 놀부 이야기에서 흥부와 놀부는 어떤 마음으로 제비의 다리를 고쳐 주었나요?
- 속담 '개구리 올챙이 적 생각 못한다'와 연결해서 이 말의 의미를 생각해 보세요.

施恩이어든 勿求報하고
시 은　　　　물 구 보

與人이어든 勿追悔하라
여 인　　　　물 추 회

은혜를 베풀었으면 보답을 바라지 말고,
남에게 주었다면 지난 일을 뉘우쳐 아까워하지 말라.

施	恩	勿	求	報		
베풀 **시**	은혜 **은**	말 **물**	구할 **구**	갚을 **보**		

與	人	勿	追	悔		
줄 **여**	사람 **인**	말 **물**	쫓을 **추**	뉘우칠 **회**		

인성
질문

- 동화 〈행복한 왕자〉에서 왕자는 자신의 모든 것을 내주면서도 오히려 행복했어요. 작품을 읽고 주인공의 마음을 느껴 보세요.
- 어려운 사람을 도울 때 우리는 감사의 인사를 바라기도 해요. 그런데 내가 도와준 상대방이 고마워하지 않는다면 어떻게 생각하면 좋을까요?

膽欲大而心欲小하고
담 욕 대 이 심 욕 소

知欲圓而行欲方이니라
지 욕 원 이 행 욕 방

담력은 크게 가지되 마음은 세심해야 하고,
지식은 원숙하되 행동은 바르고 점잖아야 한다.

膽	欲	大	而	心	欲	小	
담력 **담**	바랄 **욕**	큰 **대**	말 이을 **이**	마음 **심**	바랄 **욕**	삼갈 **소**	

知	欲	圓	而	行	欲	方	
알 **지**	바랄 **욕**	원숙할 **원**	말 이을 **이**	행할 **행**	바랄 **욕**	바를 **방**	

인성
질문

• 배포가 큰 사람은 두려움 없이 일을 잘 추진하지만, 주변 상황을 대강 넘기기도 해요. 주변 사람들의 마음을 세심하게 살피려면 어떻게 하면 좋을지 생각해 보세요.
• 아는 것이 많은 사람은 자기가 가진 지식으로 주변 사람들에게 도움을 주어야 하지만, 오히려 교활하게 행동하거나 교만해지기 쉬워요. 지식과 지혜는 어떻게 다른 것일까요?

念念要如臨戰日하고
염 념 요 여 림 전 일

心心常似過橋時니라
심 심 상 사 과 교 시

생각은 반드시 전쟁에 임하는 날처럼 하고,
마음은 항상 외나무다리를 건널 때와 같이 하라.

念	念	要	如	臨	戰	日	
생각 염(념)	생각 념	반드시 요	같을 여	임할 림	전쟁 전	날 일	

心	心	常	似	過	橋	時	
마음 심	마음 심	항상 상	같을 사	지날 과	다리 교	때 시	

인성
질문

• 전쟁터에서는 정신을 집중하지 않으면 위험해집니다. 항상 깨어 있어야 해요. 이처럼 우리가 일상에서 생각이 깨어 있으려면 어떻게 하면 좋을까요?
• 외나무다리를 건널 때 지나간 일을 후회하거나 다가올 미래의 일을 걱정하면서 마음을 지금, 여기에 집중하지 않으면 떨어지고 말아요. 한 가지 일에 모든 힘을 쏟아붓는 나만의 방법은 어떤 것이 있나요?

守口如瓶하고 防意如城하라
수 구 여 병   방 의 여 성

입 지키기를 병마개처럼 하고 생각 막기를 성 지키듯 하라.

守	口	如	瓶	防	意	如	城
지킬 **수**	입 **구**	같을 **여**	항아리 **병**	막을 **방**	생각 **의**	같을 **여**	성 **성**

守	口	如	瓶	防	意	如	城
지킬 **수**	입 **구**	같을 **여**	항아리 **병**	막을 **방**	생각 **의**	같을 **여**	성 **성**

인성
질문

• 보통 사람들은 하루 6,000번 이상, 1분에 6.5번 정도 새로운 생각을 한다고 해요. 우리 머릿속에서는 끊임없이 새로운 생각이 일어났다 사라져요. 이 중에서 좋은 생각은 얼마나 되고, 나쁜 생각은 얼마나 될까요?
• '말은 마음의 거울'이라는 말처럼, 좋은 생각을 해야 좋은 말이 나오지요. 좋은 생각을 지속하려면 어떻게 해야 할지 생각해 보세요.

42
존심편

心不負人이면 面無慙色이니라
심 불 부 인 　 　 면 무 참 색

마음에서 남을 저버리지 않으면 얼굴에 부끄러운 기색이 없다.

心	不	負	人	面	無	慙	色
마음 **심**	아닐 **불**	저버릴 **부**	사람 **인**	얼굴 **면**	없을 **무**	부끄러울 **참**	빛 **색**

心	不	負	人	面	無	慙	色
마음 **심**	아닐 **불**	저버릴 **부**	사람 **인**	얼굴 **면**	없을 **무**	부끄러울 **참**	빛 **색**

인성
질문

• '남을 저버리다'라는 말은 '나의 이익을 위해 마땅히 지켜야 할 도리를 어기는 것'을 말해요. 남을 저버리면 왜 얼굴에 부끄러운 기색이 드러날까요? 속담 '도둑이 제 발 저리다'와 연결해서 이 말의 의미를 생각해 보세요.
• 의리와 진심으로 다른 사람을 대하지 않고, 내 이익을 위해 이용하면 어떤 일이 생길까요?

心安茅屋穩이요
심 안 모 옥 온

性定菜羹香이니라
성 정 채 갱 향

마음이 편안하면 초가집이라도 평온하고,
성품이 안정되면 나물국도 향기롭다.

心	安	茅	屋	穩			
마음 **심**	편안할 **안**	띠 **모**	집 **옥**	편안할 **온**			

性	定	菜	羹	香			
성품 **성**	정할 **정**	나물 **채**	국 **갱**	향기 **향**			

인성
질문

• 동화 〈서울쥐 시골쥐〉에서 시골쥐는 서울쥐의 화려한 모습에 넋을 잃지요. 하지만 불안한 상황을 겪으며, 가난해도 마음 편한 자기 상황에 감사해 합니다. 여러분이 시골쥐라면 어떤 마음이 들까요?

• 남과 비교하면 우월감이나 열등감에 사로잡히기 쉬워요. 남과 비교하지 않고 나답게 살아가는 것이 중요하지요. 먼저 '나다운 것'이 무엇인지 생각하여 정리해 보세요.

責人者는 不全交요
책 인 자 부 전 교

自恕者는 不改過니라
자 서 자 불 개 과

남을 책망하는 사람은 사귐을 온전하게 할 수 없고,
자기를 용서하는 사람은 허물을 고치지 못한다.

責	人	者	不	全	交		
꾸짖을 **책**	사람 **인**	사람 **자**	아닐 **부(불)**	온전할 **전**	사귈 **교**		

自	恕	者	不	改	過		
스스로 **자**	용서할 **서**	사람 **자**	아닐 **불**	고칠 **개**	허물 **과**		

인성
질문

- '잘되면 제 탓 못되면 조상 탓'이라는 속담처럼, 습관적으로 남을 탓하고 환경을 탓하는 사람들이 있어요. 이런 사람을 보면 어떤 마음이 드나요?
- 내 인생은 온전히 나의 책임이에요. 자기가 잘못한 뒤에 자기 양심을 저버리면 더 나은 사람이 될 수 없지요. 책임감 있는 삶을 살려면 어떤 마음을 가지면 좋을지 생각해 보세요.

8장

계성편 戒性篇

'계성(戒性)'은 '성품을 경계한다'라는 뜻이에요. 사람의 본래 성품에는 착한 본성도 있지만, 악한 면도 있어서 잘 참아 내지 않으면 성품이 잘못될 수 있어요. 〈계성편〉에서는 인내하고, 절제하여 본연의 성품을 잘 지켜갈 것을 강조하고 있어요. 어떻게 하면 인내하고 절제하면서 올바른 성품을 지킬수 있을지 생각하며 읽어 보세요.

忍一時之忿이면
인 일 시 지 분

免百日之憂이니라
면 백 일 지 우

한때의 분노를 참아 내면,
백일의 근심을 면할 수 있다.

忍	一	時	之	忿			
참을 **인**	한 **일**	때 **시**	어조사 **지**	성낼 **분**			

免	百	日	之	憂			
면할 **면**	일백 **백**	날 **일**	어조사 **지**	근심 **우**			

인성
질문

• 누군가 화를 참지 못하고 나의 가슴을 아프게 했던 적이 있나요? 그에게 어떤 말을 해주고 싶나요?
• 속담 '참을 인(忍) 자 셋이면 살인도 피한다'는 말처럼, 일시적인 분노를 참아 내야 성숙한 사람이라고 할 수 있어요. 분노를 터뜨렸다가 오히려 근심에 빠진 적이 있나요?

難忍難忍이여
난 인 난 인

非人不忍이요 不忍非人이로다
비 인 불 인   불 인 비 인

참는 것은 어렵고도 어려우니,
사람이 아니라면 참지 못할 것이요, 참지 못하면 사람이 아니다.

難	忍	難	忍			
어려울 **난**	참을 **인**	어려울 **난**	참을 **인**			

非	人	不	忍	不	忍	非	人
아닐 **비**	사람 **인**	아닐 **불**	참을 **인**	아닐 **불**	참을 **인**	아닐 **비**	사람 **인**

인성
질문

• 사람들은 분노와 같은 부정적인 감정이나 쾌락 같은 욕망을 참아 내는 것이 쉽지 않아요. 그럼에도 이런
  것을 참아야 하는 이유에 대해서 생각해 보세요.
• 건강하게 참아 내려면 자신의 감정을 따로 떼어 놓고 바라보는 연습이 필요해요. 감정이 나의 주인이 되지
  않게, 감정을 조절하는 방법에 대해서 주변 사람들에게 조언을 구해 보세요.

47
계성편

屈己者는 能處重하고
굴 기 자   능 처 중

好勝者는 必遇敵이니라
호 승 자   필 우 적

자기를 굽히는 자는 중요한 자리에 오를 수 있지만,
이기기를 좋아하는 자는 반드시 적을 만난다.

屈	己	者	能	處	重		
굽힐 **굴**	자기 **기**	사람 **자**	능할 **능**	차지할 **처**	무거울 **중**		

好	勝	者	必	遇	敵		
좋아할 **호**	이길 **승**	사람 **자**	반드시 **필**	만날 **우**	원수 **적**		

 인성
질문

• 속담 '이기는 것이 지는 것'과 연결해서 이 말의 의미를 생각해 보세요.
• 자신을 굽히는 사람이 중요한 자리에 오를 수 있는 이유는 무엇일까요? 어떻게 하면 상대를 이기고 싶은
마음을 다스리고 큰일을 해낼 수 있을까요?

48
계성편

惡人이 罵善人커든 善人은 摠不對하라
악 인 매 선 인 선 인 총 부 대

不對는 心淸閑이요 罵者는 口熱沸니라
부 대 심 청 한 매 자 구 열 비

악한 사람이 선한 사람을 욕하면 선한 사람은 대응하지 말라. 대응하지 않으면
마음이 맑고 한가로울 것이요, 욕하는 자의 입만 뜨겁게 끓어오를 뿐이다.

惡	人	罵	善	人	善	人	摠	不	對
악할 **악**	사람 **인**	욕할 **매**	착할 **선**	사람 **인**	착할 **선**	사람 **인**	모두 **총**	아닐 **부(불)**	대할 **대**

不	對	心	淸	閑	罵	者	口	熱	沸
아닐 **부(불)**	대할 **대**	마음 **심**	맑을 **청**	한가할 **한**	욕할 **매**	사람 **자**	입 **구**	더울 **열**	끓을 **비**

• 누군가 나를 욕하면 참기 어려워요. 마음에 분노가 치밀어 오르지요. 이럴 때는 어떻게 대응하면 좋을까요?
• 속담 '누워서 침 뱉기'와 연결해서 이 말의 의미를 생각해 보세요.

我若被人罵라도 伴聾不分說하라
아 약 피 인 매 　 양 롱 불 분 설

譬如火燒空하여 不救自然滅이라
비 여 화 소 공 　 불 구 자 연 멸

내가 만약 다른 사람에게 욕을 듣더라도 귀먹은 체하여 시비를 가리지 말라.
비유하자면 불이 허공에서 타다가 끄지 않아도 자연히 꺼지는 것과 같다.

我	若	被	人	罵	伴	聾	不	分	説
나 **아**	같을 **약**	입을 **피**	사람 **인**	꾸짖을 **매**	가장할 **양**	귀먹을 **롱**	아닐 **불**	나눌 **분**	말씀 **설**

譬	如	火	燒	空	不	救	自	然	滅
비유할 **비**	같을 **여**	불 **화**	불사를 **소**	빌 **공**	아닐 **불**	막을 **구**	스스로 **자**	그럴 **연**	꺼질 **멸**

인성
질문

- 누군가 나를 욕하면 상대를 어린아이라고 생각해 보세요. 그러면 싸울 일이 없어질 거예요. 최근에 내 욕을 했던 사람이 있나요? 그 사람을 어떻게 대했다면 좋았을지 생각해 보세요.
- 시비를 꼭 가리려고 하면 다툼이 일어나는 경우가 많아요. 굳이 옳고 그름을 따지지 않고 사람들과 잘 어울리려면 어떻게 하면 좋을지 생각해 보세요.

凡事에 留人情이면
범 사   유 인 정

後來에 好相見이니라
후 래   호 상 견

매사에 인정을 남겨 두면,
뒷날 서로 좋은 얼굴로 볼 수 있다.

凡	事	留	人	情			
무릇 **범**	일 **사**	머무를 **유(류)**	사람 **인**	뜻 **정**			

後	來	好	相	見			
뒤 **후**	올 **래**	좋을 **호**	서로 **상**	볼 **견**			

인성 질문

• 나를 인간적으로 대하는 사람은 오랫동안 기억에 남아요. 선생님이나 친구 등 주변 사람 중에 인정으로 잘 대해 주었던 사람의 장점이 무엇인지 생각해 보세요.

• 우리가 진정한 행복을 느낄 때는 다른 사람과 좋은 관계를 맺고 남에게 따뜻함과 애정을 나눠 줄 때랍니다. 주변에 좋은 관계를 맺고 싶은 사람을 떠올리고 그 사람들에게 전할 메모를 적어 보세요.

9장

근학편 勤學篇

'근학(勤學)'은 '배움에 힘쓴다'라는 말이에요. 옛 사람들은 배움을 매우 중요하게 생각했어요. 부지런히 배움에 힘써야 시야를 넓힐 수 있고, 인간의 도리를 알 수 있기 때문이에요. 〈근학편〉에서는 배움의 가치와 배우는 사람의 태도를 알려 주고 있어요. 배움에 힘쓰는 사람은 세상이 혼란스럽더라도 자신이 얻은 깨달음과 지식을 바탕으로 세상을 이롭게 할 수 있어요. 이 점을 생각하며 읽어 보세요.

博學而篤志하고 切問而近思면
박 학 이 독 지　　절 문 이 근 사

仁在其中矣니라
인 재 기 중 의

널리 배워서 뜻을 두텁게 하고 절실히 물어서 생각을 가까이 하면,
인(仁)이 그 가운데 있다.

博	學	而	篤	志	切	問	而
넓을 **박**	배울 **학**	말 이을 **이**	도타울 **독**	뜻 **지**	절박할 **절**	물을 **문**	말 이을 **이**

近	思	仁	在	其	中	矣	
가까울 **근**	생각 **사**	어질 **인**	있을 **재**	그 **기**	가운데 **중**	어조사 **의**	

인성
질문

- 무엇을 제대로 배우고 있는지는 그 사람의 질문을 들어 보면 알 수 있어요. 나는 어떤 질문을 하면서 이 글을 읽고 있나요?
- 배우고자 하는 마음이나 무엇에 대해 궁금해 하는 마음은 의지가 강해야 생겨나요. 나는 무엇을 배울 때 간절한 마음이 있나요? '배운다'는 것은 어떤 것인지 정리해 보세요.

玉不琢이면 不成器하고
옥 불 탁　　불 성 기

人不學이면 不知道니라
인 불 학　　부 지 도

옥이 다듬어지지 않으면 그릇으로 완성되지 못하고,
사람이 배우지 않으면 사람된 도리를 알지 못한다.

玉	不	琢	不	成	器		
옥 **옥**	아닐 **불**	다듬을 **탁**	아닐 **불**	이룰 **성**	그릇 **기**		

人	不	學	不	知	道		
사람 **인**	아닐 **불**	배울 **학**	아닐 **부(불)**	알 **지**	도리 **도**		

인성
질문

- 아무리 좋은 옥돌이라도 다듬어야 좋은 옥이 됩니다. 아무리 자질이 뛰어난 사람도 배워야 해요. 나는 배움을 통해 어떤 사람이 되고 싶은지 적어 보세요.
- 목표한 것이 있나요? 단순히 직업이 아니라 '어떤 사람이 되어야겠다', '어떤 일을 해야겠다'라는 목표가 있나요? 나는 어떤 삶을 살아가고 싶은지 정리해 보세요.

人生不學이면
인 생 불 학

如冥冥夜行이니라
여 명 명 야 행

사람이 살면서 배우지 않으면,
어두컴컴한 밤길을 가는 것과 같다.

人	生	不	學				
사람 **인**	날 **생**	아닐 **불**	배울 **학**				

如	冥	冥	夜	行			
같은 **여**	어두울 **명**	어두울 **명**	밤 **야**	다닐 **행**			

인성
질문

- 옛사람들은 배우지 않으면 사람이라도 짐승과 같다고 했어요. 여기서 말하는 배움이란 무엇일까요? 영어 단어를 외우거나 수학 문제를 푸는 것과는 다른 배움에는 어떤 것이 있을까요?
- '아는 만큼 보인다'라는 말과 연결해서 생각해 보세요.

人不通古今이면
인 불 통 고 금

馬牛而襟裾니라
마 우 이 금 거

사람이 고금의 이치에 통하지 못하면,
말과 소에게 옷을 입혀 놓은 것과 같다.

人	不	通	古	今			
사람 **인**	아닐 **불**	통할 **통**	옛 **고**	이제 **금**			

馬	牛	而	襟	裾			
말 **마**	소 **우**	말 이을 **이**	옷깃 **금**	옷자락 **거**			

인성
질문

- 시대가 변해도 세상을 살아가면서 겪는 문제는 대개 비슷해요. 이에 대한 답을 찾기 위해서 무엇을 배우면 좋을지 주변 사람들에게 물어보고, 스스로 생각해 보세요.
- 지금 내가 고민하는 문제는 나보다 앞서 살았던 사람들이 이미 고민하고 답을 찾은 것도 많아요. '책 속에 답이 있다'는 말처럼요. 배우고 싶은 분야의 독서 계획을 세워 보는 것은 어떨까요?

10장 훈자편 訓子篇

'훈자(訓子)'는 '자식을 가르친다'라는 말이에요. 사람이 타고 난 자질이 뛰어나더라도 배움을 통해 갈고 닦지 않으면 쓸모 없어요. 〈훈자편〉에서는 시기를 놓치지 말고 자식을 잘 가 르칠 것을 강조하고 있어요. 배움의 기회를 주시는 부모님의 마음을 생각하면서 읽어 보세요.

事雖小니 不作이면 不成이요
사　수　소　　　부작　　　불성

子雖賢이나 不敎면 不明이니라
자　수　현　　　불교　　　불명

일이 비록 작더라도 하지 않으면 이룰 수 없고,
자식이 비록 어질더라도 가르치지 않으면 현명해질 수 없다.

事	雖	小	不	作	不	成	
일 **사**	비록 **수**	작을 **소**	아닐 **부(불)**	행할 **작**	아닐 **불**	이룰 **성**	

子	雖	賢	不	敎	不	明	
아들 **자**	비록 **수**	어질 **현**	아닐 **불**	가르칠 **교**	아닐 **불**	밝을 **명**	

인성
질문

- 쉬워 보이는 작은 일을 미루다가 완성하지 못한 경험이 있나요? 그것을 이루지 못한 근본적인 이유는 무엇 때문이었는지 생각해 보세요.
- 위인들은 대개 재능도 뛰어났지만 쉼 없이 노력한 사람들이에요. 내가 존경하는 사람 가운데 노력으로 큰 업적을 이룬 경우를 찾아보고 배울 점을 정리해 보세요.

黃金滿籯이 不如敎子一經이요
황 금 만 영　불 여 교 자 일 경

賜子千金이 不如敎子一藝니라
사 자 천 금　불 여 교 자 일 예

황금이 상자에 가득하더라도 자식에게 경서 한 권을 가르치는 것만 못하고,
자식에게 천금을 준다 해도 재주 하나를 가르치는 것만 같지 못하다.

黃	金	滿	籯	不	如	敎	子	一	經
누를 **황**	쇠 **금**	찰 **만**	광주리 **영**	아닐 **불**	같을 **여**	가르칠 **교**	아들 **자**	한 **일**	경서 **경**

賜	子	千	金	不	如	敎	子	一	藝
줄 **사**	아들 **자**	일천 **천**	돈 **금**	아닐 **불**	같을 **여**	가르칠 **교**	아들 **자**	한 **일**	재주 **예**

• '물고기를 주어라. 한 끼를 먹을 것이다. 물고기 잡는 법을 가르쳐 주어라. 평생을 먹을 것이다'라는 탈무드
속 명언이 있어요. 이 말과 연결하여 생각해 보세요.
• 돈을 버는 것이 어려울까요? 잘 지키고 불려 가는 것이 어려울까요? 왜 그렇게 생각하나요?

內無賢父兄하고 外無嚴師友요
내 무 현 부 형   외 무 엄 사 우

而能有成者는 鮮矣니라
이 능 유 성 자   선 의

안으로는 현명한 아버지나 형이 없고, 밖으로는 엄한 스승이나 친구가 없이
(홀로) 성취할 수 있는 사람은 드물다.

內	無	賢	父	兄	外	無	嚴	師	友
안 **내**	없을 **무**	어질 **현**	아버지 **부**	형 **형**	바깥 **외**	없을 **무**	엄할 **엄**	스승 **사**	벗 **우**

而	能	有	成	者	鮮	矣			
말 이을 **이**	능할 **능**	있을 **유**	이룰 **성**	사람 **자**	드물 **선**	어조사 **의**			

• 우리는 혼자 살아갈 수 없어요. 가정과 사회에서 여러 사람들과 도움을 주고받을 때 바르게 살아갈 수 있
지요. 누군가 나에게 현명하게 알려 주고 엄격하게 이끌어 준 경험이 있나요?
• 목표를 함께 바라보면서 코칭해 줄 수 있는 사람이 있으면 목표를 더 빨리 이룰 수 있어요. 내가 멘토로 삼
고 싶은 사람이 있나요? 어떻게 하면 그 사람의 도움을 받을 수 있을지 생각해 보세요.

11장

성심편 省心篇

'성심(省心)'은 '마음을 살핀다'라는 말이에요. 「명심보감」에서 내용이 가장 길 정도로, 성현들은 자기 마음을 다스리는 것을 중요하게 생각했어요. 〈성심편〉에서는 마음 다스림과 처세에 대한 지혜를 전하고 있어요. 욕심을 버리고 겸손하게 살아가는 마음과 더불어 살아가는 자세에는 무엇이 있을지 생각하며 읽어 보세요.

58
성심편

寶貨는 用之有盡이요
보 화 용 지 유 진

忠孝는 享之無窮이니라
충 효 향 지 무 궁

보물과 재물은 쓰면 다함이 있지만,
충성과 효도는 아무리 누려도 끝이 없다.

寶	貨	用	之	有	盡		
보배 **보**	재물 **화**	쓸 **용**	어조사 **지**	있을 **유**	다할 **진**		

忠	孝	享	之	無	窮		
충성 **충**	효도 **효**	누릴 **향**	어조사 **지**	없을 **무**	다할 **궁**		

인성
질문

- 물질적인 부와 풍요는 쓸수록 줄어들어요. 하지만, 정신적인 가치는 아무리 누려도 줄지 않아요. 충성이나 효처럼 삶을 풍족하게 해주는 정신적인 가치에는 어떤 것이 있을지 생각해 보세요.
- 물질적인 풍요만 추구하면 행복해질 수 있을까요? 어떤 가치를 충족해야 행복할 수 있을지 생각해 보세요.

言多語失은 皆因酒요
언 다 어 실　　개 인 주

義斷親疎는 只爲錢이니라
의 단 친 소　　지 위 전

말이 많아 실수하는 것은 모두 술로 인함이요,
의리가 끊어지고 친분이 멀어지는 것은 오직 돈 때문이다.

言	多	語	失	皆	因	酒	
말씀 **언**	많을 **다**	말씀 **어**	잃을 **실**	모두 **개**	인할 **인**	술 **주**	

義	斷	親	疎	只	爲	錢	
의리 **의**	끊을 **단**	친할 **친**	성길 **소**	다만 **지**	할 **위**	돈 **전**	

인성
질문

- 술은 평생 조심해야 해요. 아예 마시지 않으면 좋겠지만, 그렇지 않다면 절제하는 것이 중요해요. 술과 같이 중독적인 것에 의존하지 않으려면 어떻게 하면 좋을지 생각해 보세요.
- 돈 문제가 흐리멍덩하고 명확하지 않으면 주변 사람들과 멀어지기 쉬워요. 친구가 돈을 빌려 달라고 하면 어떻게 하면 좋을까요?

旣取非常樂이어든
기　취　비　상　락

須防不測憂니라
수　방　불　측　우

이미 정도를 벗어나는 즐거움을 얻었다면,
모름지기 헤아릴 수 없는 근심을 대비해야 한다.

旣	取	非	常	樂			
이미 **기**	가질 **취**	아닐 **비**	항상 **상**	즐길 **락**			

須	防	不	測	憂			
모름지기 **수**	막을 **방**	아닐 **불**	헤아릴 **측**	근심 **우**			

인성
질문

• 모든 일에는 양면성이 있어요. 행운이라고 생각했던 것이 나쁜 일이 될 수 있고, 당장은 견딜 수 없는 시련
　으로 보이는 일이 좋은 일이 될 수도 있어요. 이런 경험을 한 적이 있나요?
• 성어 '새옹지마(塞翁之馬, 인생의 길흉화복은 변화가 많아서 예측하기가 어렵다)'처럼 운은 계속 움직여요.
　불운한 상황을 이겨 내고 행운을 불러들이려면 어떻게 생각하고 행동하면 좋을지 생각해 보세요.

得寵思辱하고 居安慮危니라
득 총 사 욕 거 안 려 위

총애를 받으면 욕됨을 생각하고 편안하게 지낼 때는 위태로움을 생각하라.

得	寵	思	辱	居	安	慮	危
얻을 **득**	사랑할 **총**	생각 **사**	욕될 **욕**	살 **거**	편안할 **안**	생각할 **려**	위태할 **위**

得	寵	思	辱	居	安	慮	危
얻을 **득**	사랑할 **총**	생각 **사**	욕될 **욕**	살 **거**	편안할 **안**	생각할 **려**	위태할 **위**

• 권력이나 부는 영원히 지속되지는 않아요. 왜 그럴까요? 역사 속 인물의 이야기에서 사례를 찾아보세요.
• 편안할 때 위태로운 상황을 생각하면 어떤 장점이 있을까요? 성어 '유비무환(有備無患, 미리 준비하면 근심 걱정이 없다)'과 연결해서 생각해 보세요.

62 성심편

欲知未來인대 先察已然이니라
욕 지 미 래 　 선 찰 이 연

미래를 알고 싶다면 이미 지나간 일을 먼저 살펴보라.

欲	知	未	來	先	察	已	然
바랄 **욕**	알 **지**	아닐 **미**	올 **래**	먼저 **선**	살필 **찰**	이미 **이**	그럴 **연**

欲	知	未	來	先	察	已	然
바랄 **욕**	알 **지**	아닐 **미**	올 **래**	먼저 **선**	살필 **찰**	이미 **이**	그럴 **연**

인성 질문
- '역사는 미래의 거울'이라는 말이 있어요. 반대로 생각하면 미래의 일은 과거의 행동이 쌓여서 이루어짐을 알 수 있어요. 내가 원하는 삶을 위해서 지금 어떻게 살아가면 좋을까요?
- 과거를 살펴보고 생각의 변화가 필요하다면 과감하게 생각을 바꾸는 것이 좋아요. 내 생각의 습성 중에서 바꾸고 싶은 것은 무엇인가요?

過去事는 如鏡朝이요
과 거 사 여 경 조

未來事는 暗似漆이니라
미 래 사 암 사 칠

과거의 일은 아침 거울과 같고,
미래의 일은 어둡기가 칠흑 같다.

過	去	事	如	鏡	朝		
지날 **과**	갈 **거**	일 사	같을 **여**	거울 **경**	아침 **조**		

未	來	事	暗	似	漆		
아닐 **미**	올 래	일 사	어두울 **암**	닮을 **사**	옻칠 **칠**		

인성
질문

- '미래(未來)'라는 낱말은 '아직 오지 않음'이라는 속뜻이 있어요. 아직 오지 않아 알 수 없는 미래에 대해서 어떤 생각을 가지면 좋을까요? 두려움으로 맞이해야 할까요, 희망적으로 보아야 할까요?
- 조바심하지 않고 미래를 기다리고, 미래에 어떤 상황이 일어나든 담담히 받아들이려면 어떤 마음가짐이 필요할까요?

明朝之事를 薄暮에 不可必이요
명 조 지 사 　 박 모 　 불 가 필

薄暮之事를 晡時에 不可必이니라
박 모 지 사 　 포 시 　 불 가 필

내일 아침의 일을 저녁 무렵에 단정할 수 없고,
저녁 무렵의 일을 오후에 단정할 수 없다.

明	朝	之	事	薄	暮	不	可	必	
날 샐 **명**	아침 **조**	어조사 **지**	일 **사**	엷을 **박**	저물 **모**	아닐 **불**	가히 **가**	반드시 **필**	

薄	暮	之	事	晡	時	不	可	必	
엷을 **박**	저물 **모**	어조사 **지**	일 **사**	신시 **포**	때 **시**	아닐 **불**	가히 **가**	반드시 **필**	

*포시(晡時) : 신시(申時). 오후 3시에서 5시까지.

인성
질문

• 미래의 일을 미리 알 수 있는 능력이 있다면 무엇을 알고 싶은가요? 왜 그런 생각이 들었는지 이야기해 보세요.
• 사람들은 왜 사주팔자나 타로 카드, 별자리 운세 등을 통해서 미래를 알고 싶어 할까요? 미래를 알려고 하는 노력보다 중요한 것은 무엇일지 생각해 보세요.

未歸三尺土하여는 難保百年身이요
미 귀 삼 척 토　　　　난 보 백 년 신

已歸三尺土하여는 難保百年墳이니라
이 귀 삼 척 토　　　　난 보 백 년 분

석 자 두께의 흙 속으로 돌아가지 않고서는 백 년 동안 몸을 보전하기 어렵고,
이미 석 자 두께의 흙 속으로 돌아가면 백 년 동안 무덤을 보전하기 힘들다.

未	歸	三	尺	土	難	保	百	年	身
아닐 **미**	돌아갈 **귀**	석 **삼**	자 **척**	흙 **토**	어려울 **난**	지킬 **보**	일백 **백**	해 **년**	몸 **신**

已	歸	三	尺	土	難	保	百	年	墳
이미 **이**	돌아갈 **귀**	석 **삼**	자 **척**	흙 **토**	어려울 **난**	지킬 **보**	일백 **백**	해 **년**	무덤 **분**

**인성
질문**

• 사람은 100년을 살기 힘들고, 그 무덤도 100년 이상 보전하기 힘들어요. 오랫동안 내 족적을 남기려면 어떤 일을 하면 좋을까요?
• 속담 '사람은 죽으면 이름을 남기고 범은 죽으면 가죽을 남긴다'와 연결해서 이 말의 의미를 생각해 보세요.

自信者는 人亦信之하여
자 신 자   인 역 신 지

吳越이 皆兄弟이니라
오 월   개 형 제

자신을 믿는 사람은 다른 사람도 또한 그를 믿으니,
오나라와 월나라 같은 원수 사이라도 모두 형제가 될 수 있다.

自	信	者	人	亦	信	之	
스스로 **자**	믿을 **신**	사람 **자**	사람 **인**	또 **역**	믿을 **신**	어조사 **지**	

吳	越	皆	兄	弟			
오나라 **오**	월나라 **월**	모두 **개**	형 **형**	아우 **제**			

인성
질문

• 자신에게 확신이 없는 사람과 자신감이 가득한 사람을 만나면 각각 어떤 생각이 드나요?
• 자기 확신이 강한 사람은 자석처럼 사람들을 끌어들여서 원하는 것을 이루는 경우가 많아요. 자기 확신을 강하게 하는 나만의 방법이 있다면 소개해 보세요.

畵虎畵皮難畵骨이요
화 호 화 피 난 화 골

知人知面不知心이니라
지 인 지 면 부 지 심

호랑이를 그릴 때 가죽은 그릴 수 있어도 뼈는 그리기 어렵고,
사람을 알아 갈 때 얼굴은 알더라도 마음은 알 수 없다.

畵	虎	畵	皮	難	畵	骨	
그릴 **화**	범 **호**	그릴 **화**	가죽 **피**	어려울 **난**	그릴 **화**	뼈 **골**	

知	人	知	面	不	知	心	
알 **지**	사람 **인**	알 **지**	얼굴 **면**	아닐 **부(불)**	알 **지**	마음 **심**	

인성
질문

- 속담 '열 길 물속은 알아도 한 길 사람의 속은 모른다'는 말처럼, 사람의 속마음은 전혀 알 수 없는 것일 까요?
- 다른 사람의 마음을 완전히 알기는 힘들지만, 그 사람의 말과 행동을 관찰하면서 짐작할 수는 있을 거예 요. 나에게 가장 소중한 사람을 잘 관찰하고 그 마음을 헤아려 보세요.

68
성심편

若聽一面說이면
약 청 일 면 설

便見相離別이니라
변 견 상 리 별

만약 한쪽의 말만 듣는다면,
곧 서로 사이가 멀어지는 것을 볼 것이다.

若	聽	一	面	説			
만약 **약**	들을 **청**	한 **일**	낮 **면**	말씀 **설**			

便	見	相	離	別			
곧 **변**	볼 **견**	서로 **상**	떠날 **리**	헤어질 **별**			

인성
질문

- 사람들의 말과 행동에는 각기 나름의 이유가 있어요. 한쪽 편만 들면 다툼이 해소되지 않아요. 친구들 사이에 다툼이 일어났을 때 어떻게 대처하면 좋을지 생각해 보세요.
- 황희 정승은 두 사람이 싸우자 '네 말도 맞고, 네 말도 맞다'라고 했대요. 왜 그렇게 말했을까요? 이 말과 연결해서 생각해 보세요.

賢人多財면 則損其志하고
현 인 다 재 즉 손 기 지

愚人多財면 則益其過니라
우 인 다 재 즉 익 기 과

현명한 사람이 재물이 많으면 곧 그 뜻이 상하고,
어리석은 사람이 재물이 많으면 곧 그 허물을 더하게 된다.

賢	人	多	財	則	損	其	志
어질 **현**	사람 **인**	많을 **다**	재물 **재**	곧 **즉**	잃을 **손**	그 **기**	뜻 **지**

愚	人	多	財	則	益	其	過
어리석을 **우**	사람 **인**	많을 **다**	재물 **재**	곧 **즉**	더할 **익**	그 **기**	허물 **과**

인성
질문

• 조선시대 이항복은 재물에 뜻을 두지 않은 대표적인 '청백리(淸白吏, 청렴한 관리)'예요. 평생 청렴하게 살며 공정하게 관직 일을 해냈지요. 만약 이항복이 재물을 탐했다면 어떤 일이 벌어졌을까요?

• 속담 '광에서 인심 난다'는 말처럼, 재물이 어느 정도 있으면 마음에 여유가 생겨요. 하지만 재물이 필요 이상으로 많아지면 어떤 마음이 생길지 생각해 보세요.

人貧智短하고 福至心靈이니라

인 빈 지 단   복 지 심 령

사람이 가난하면 지혜가 짧아지고 복이 이르면 마음이 신령해진다.

人	貧	智	短	福	至	心	靈
사람 **인**	가난할 **빈**	지혜 **지**	짧을 **단**	복 **복**	이를 **지**	마음 **심**	신령 **령**

人	貧	智	短	福	至	心	靈
사람 **인**	가난할 **빈**	지혜 **지**	짧을 **단**	복 **복**	이를 **지**	마음 **심**	신령 **령**

**인성
질문**

- 앞서 배운 '현인다재, 즉손기지(賢人多財, 則損其志, 현명한 사람이 재물이 많으면 그 뜻이 상한다)'와 이 문장은 상반되는 것일까요?
- 돈의 여유와 마음의 여백은 꼭 필요해요. 속담 '목구멍이 포도청'이라는 말처럼, 하루하루 먹고살기에 빠듯해 돈 걱정으로 가득하다면 어떨지 생각해 보세요.

71 성심편

不經一事면 不長一智니라
불 경 일 사 부 장 일 지

한 가지 일을 경험하지 않으면 한 가지 지혜를 자라게 할 수 없다.

不	經	一	事	不	長	一	智
아닐 **불**	지날 **경**	한 **일**	일 **사**	아닐 **부(불)**	길 **장**	한 **일**	지혜 **지**

不	經	一	事	不	長	一	智
아닐 **불**	지날 **경**	한 **일**	일 **사**	아닐 **부(불)**	길 **장**	한 **일**	지혜 **지**

인성 질문

- 단순히 머리로 아는 것과 그것을 경험해서 제대로 아는 것은 달라요. 속담 '백문이 불여일견'이라는 말처럼 직접 경험해서 지혜를 얻은 적이 있나요?
- 그렇다고 모든 것을 직접 경험할 필요는 없어요. 다른 사람의 경험을 받아들여 간접적으로 경험할 수 있어요. 이런 방법에는 무엇이 있을지 생각해 보세요.

有麝自然香이니
유 사 자 연 향

何必當風立고
하 필 당 풍 립

사향을 갖고 있으면 자연스럽게 향이 나니,
어찌 꼭 바람을 향해 서겠는가?

有	麝	自	然	香			
있을 **유**	사향 **사**	스스로 **자**	그럴 **연**	향기 **향**			

何	必	當	風	立			
어찌 **하**	반드시 **필**	대할 **당**	바람 **풍**	설 **립**			

인성
질문

- '내가 어떤 사람이다'라고 다른 사람에게 말하지 않아도 훌륭한 인격을 가진 사람 곁에는 사람이 모여요. 심하게 자기를 알리려는 사람을 보면 어떤 생각이 드나요?
- 논어의 명구 '덕불고 필유린(德不孤 必有隣, 덕 있는 사람은 외롭지 않아, 반드시 친구가 있다)'과 연결해서 이 말의 의미를 생각해 보세요.

黃金千兩이 未爲貴요
황 금 천 냥   미 위 귀

得人一語가 勝千金이니라
득 인 일 어   승 천 금

황금 천 냥이 귀한 것이 아니고,
다른 사람에게 듣는 말 한마디가 천금보다 낫다.

黃	金	千	兩	未	爲	貴	
누를 **황**	쇠 **금**	일천 **천**	냥 **냥(량)**	아닐 **미**	할 **위**	귀할 **귀**	

得	人	一	語	勝	千	金	
얻을 **득**	사람 **인**	한 **일**	말씀 **어**	이길 **승**	일천 **천**	돈 **금**	

**인성
질문**

- 성공한 사람의 뛰어난 통찰력과 지혜는 많은 돈을 주고서도 얻기 힘들어요. 나에게 지금 필요한 조언은 무엇인가요? 그런 조언을 해줄 수 있는 사람은 누구인가요?
- 다른 사람의 말을 그대로 나에게 적용한다고 해서 똑같은 결과가 일어나지는 않을 수 있어요. 다른 사람의 조언을 그대로 받아들이는 것보다 중요한 것이 무엇일지 생각해 보세요.

74
성심편

巧者는 拙之奴요
교 자　졸 지 노

苦者는 樂之母니라
고 자　낙 지 모

재주 있는 자는 서툰 사람의 종이고,
괴로움은 즐거움의 어머니다.

巧	者	拙	之	奴			
공교할 **교**	사람 **자**	둔할 **졸**	어조사 **지**	종 **노**			

苦	者	樂	之	母			
괴로울 **고**	것 **자**	즐길 **낙(락)**	어조사 **지**	어미 **모**			

인성
질문

- 이 말에서 '서툰 사람'은 특정한 분야에서 재주는 떨어지지만 전문가들을 품을 수 있는 포용력이 큰 리더를 뜻해요. 리더든, 전문가든 모두 필요해요. 나는 리더가 되고 싶나요? 전문가가 되고 싶나요?
- 주변 환경에 따라 쉽게 즐거워하고 괴로워하는 사람보다 어떤 상황에서도 넉넉한 마음을 지닌 사람이 인생을 즐길 수 있어요. '괴로움은 즐거움의 어머니다'라는 말이 어떤 뜻인지 생각해 보세요.

黃金이 未是貴요
황 금   미 시 귀

安樂이 値錢多니라
안 락   치 전 다

황금이 귀한 것이 아니고,
편안하고 즐거운 것이 더 가치 있다.

黃	金	未	是	貴			
누를 **황**	쇠 **금**	아닐 **미**	이 **시**	귀할 **귀**			

安	樂	値	錢	多			
편안할 **안**	즐길 **락**	값 **치**	돈 **전**	많을 **다**			

인성
질문

• 돈을 벌기 위해서 무리해서 일하다가 건강을 잃는다면 어떤 심정일까요?
• 이 말에서 '편안하고 즐거운 것'은 단순한 쾌락을 말하는 것이 아니라, '몸과 마음이 건강한 상태'를 뜻해요. 이를 위해서는 어떤 습관을 가져야 할지 생각해 보세요.

人義는 盡從貧處斷이요
인 의 　 진 종 빈 처 단

世情은 便向有錢家니라
세 정 　 변 향 유 전 가

사람의 의리는 가난한 데서 끊어지고,
세상의 인정은 돈 있는 집안으로 쏠린다.

人	義	盡	從	貧	處	斷	
사람 **인**	의리 **의**	다할 **진**	따를 **종**	가난할 **빈**	곳 **처**	끊을 **단**	

世	情	便	向	有	錢	家	
세상 **세**	뜻 **정**	곧 **변**	향할 **향**	있을 **유**	돈 **전**	집 **가**	

인성
질문

- 돈이 많은 사람을 따르는 것이 세상의 인심이에요. 그런 세태를 비난하는 것보다 그것을 인정하고 현명하게 행동하는 것이 중요해요. 사람들이 따르는 것에는 돈 이외에 또 어떤 것이 있을까요?
- 이익이 아니라 의리로 움직이는 사람을 친구로 두면 든든해요. 내가 힘들 때 의지할 수 있는 좋은 친구를 떠올려 보고, 그 친구에게 다정한 말을 전해 보세요.

77
성심편

士有妬友면 則賢交不親하고
사 유 투 우 즉 현 교 불 친

君有妬臣면 則賢人不至니라
군 유 투 신 즉 현 인 부 지

선비가 시샘하는 친구를 두면 현명한 벗과 사귈 수 없고,
임금이 시샘하는 신하를 두면 현명한 신하가 오지 않는다.

士	有	妬	友	則	賢	交	不	親	
선비 사	가질 유	샘낼 투	벗 우	곧 즉	어질 현	사귈 교	아닐 불	친할 친	

君	有	妬	臣	則	賢	人	不	至	
임금 군	가질 유	샘낼 투	신하 신	곧 즉	어질 현	사람 인	아닐 부(불)	이를 지	

인성 질문

- 속담 '사촌이 땅을 사면 배가 아프다'는 말처럼, 남이 잘되는 것을 시기 질투하는 친구가 있나요? 그에게 어떤 말을 해주면 좋을지 생각해 보세요.
- 조선시대 황희는 뛰어난 사람들을 그냥 지나치지 않고 벗으로 사귀고 세종대왕에게도 이들을 소개했어요. 황희가 김종서나 장영실 같은 사람들을 질투했다면 세종대왕은 큰일을 해낼 수 있었을까요?

天不生無祿之人하고
천 불 생 무 록 지 인

地不長無名之草니라
지 부 장 무 명 지 초

하늘은 복 없는 사람을 내지 않으며,
땅은 이름 없는 풀을 자라게 하지 않는다.

天	不	生	無	祿	之	人	
하늘 **천**	아닐 **불**	날 **생**	없을 **무**	녹 **록**	어조사 **지**	사람 **인**	

地	不	長	無	名	之	草
땅 **지**	아닐 **부(불)**	길 **장**	없을 **무**	이름 **명**	어조사 **지**	풀 **초**

인성
질문

- 풀조차도 이름 없는 것은 없어요. 하물며 우리 모두는 존재 자체만으로도 가치가 있어요. 나를 있는 그대로 사랑해 주는 사람들을 떠올려보고 그 분들에게 사랑의 말을 전해 보세요.
- 속담 '누구나 먹을 복과 묻힐 땅은 타고난다'라는 말과 연결해서 이 말의 의미를 생각해 보세요.

79
성심편

成家之兒는 惜糞如金하고
성 가 지 아　석 분 여 금

敗家之兒는 用金如糞이니라
패 가 지 아　용 금 여 분

집안을 일으킬 아이는 인분도 황금처럼 아끼지만,
집안을 망칠 아이는 황금 쓰는 것을 인분처럼 한다.

成	家	之	兒	惜	糞	如	金
이룰 **성**	집 **가**	어조사 **지**	아이 **아**	아낄 **석**	똥 **분**	같을 **여**	쇠 **금**

敗	家	之	兒	用	金	如	糞
무너질 **패**	집 **가**	어조사 **지**	아이 **아**	쓸 **용**	쇠 **금**	같을 **여**	똥 **분**

인성
질문

- 깨진 그릇에는 아무리 물을 많이 부어도 가득 채울 수 없어요. 재산을 아끼고 잘 관리해야 풍요롭게 지낼 수 있어요. 나는 어떻게 용돈을 관리하고 있는지 생각해 보세요.
- 작은 것도 소중히 여기고 아껴 쓰는 것이 중요해요. 나만의 절약법이 있다면 소개해 보세요.

勸君凡事를 莫怨天하라
권 군 범 사　　 막 원 천

天意於人에 無厚薄이니라
천 의 어 인　　 무 후 박

그대에게 권하니, 모든 일에 하늘을 원망하지 말라.
하늘의 뜻은 사람에게 후하고 야박함이 없다.

勸	君	凡	事	莫	怨	天	
권할 **권**	어진이 **군**	무릇 **범**	일 **사**	말 **막**	원망할 **원**	하늘 **천**	

天	意	於	人	無	厚	薄	
하늘 **천**	뜻 **의**	어조사 **어**	사람 **인**	없을 **무**	두터울 **후**	엷을 **박**	

인성
질문

• 나의 환경이나 처지는 선택할 수 없어요. 이미 주어진 현실은 그대로 인정하고, 원하는 모습을 그리고 그 것을 이루기 위해 노력하는 것이 현명해요. 내가 원하지 않는 상황이 있다면 그것을 어떻게 바꾸고 싶은가 요?
• 불우한 환경을 자기만의 방식으로 극복한 사람들의 이야기를 찾아보세요.

一日淸閑이면 一日仙이니라
일 일 청 한　　　일 일 선

하루 동안 정신이 맑고 한가로우면 하루 동안 신선이 된 것이다.

一	日	淸	閑	一	日	仙	
한 일	날 일	맑을 청	한가할 한	한 일	날 일	신선 선	

一	日	淸	閑	一	日	仙	
한 일	날 일	맑을 청	한가할 한	한 일	날 일	신선 선	

인성
질문

- '정신이 맑고 한가롭다'라는 말은 어떤 의미일까요?
- 하루 종일 스마트폰을 들여다 보면 정신이 맑고 한가롭기 힘들어요. 스마트폰을 현명하게 사용하는 계획을 세워 보는 것은 어떨까요?

82
성심편

水至清則無魚하고
수 지 청 즉 무 어

人至察則無徒니라
인 지 찰 즉 무 도

물이 지나치게 맑으면 고기가 없고,
사람이 지나치게 깨끗하면 따르는 무리가 없다.

水	至	清	則	無	魚		
물 수	지극할 지	맑을 청	곧 즉	없을 무	물고기 어		

人	至	察	則	無	徒		
사람 인	지극할 지	깨끗할 찰	곧 즉	없을 무	무리 도		

인성
질문

- 지나치게 꼬장꼬장하면 사람이 따르지 않아요. 옳고 그름을 따지다가 주변 사람과 관계가 틀어졌던 경험이 있나요? 이야기해 보세요.
- 상대를 비난하거나 판단하지 않는 넉넉한 마음을 가져야 사람을 얻을 수 있어요. '너는 이런 사람이야'라고 판단하듯 말한 적이 있다면, 그 친구에게 사과하면 어떨까요?

經目之事도 恐未皆眞이어늘
경 목 지 사　　　공 미 개 진

背後之言을 豈足深信이리오
배 후 지 언　　　기 족 심 신

눈으로 본 일도 모두 진실이 아닐까 두렵거늘,
등 뒤에서 하는 말을 어찌 깊이 믿을 수 있겠는가?

經	目	之	事	恐	未	皆	眞
지날 **경**	눈 **목**	어조사 **지**	일 **사**	두려울 **공**	아닐 **미**	모두 **개**	참 **진**

背	後	之	言	豈	足	深	信
등 **배**	뒤 **후**	어조사 **지**	말씀 **언**	어찌 **기**	족할 **족**	깊을 **심**	믿을 **신**

인성
질문

• 성어 '삼인성호(三人成虎, 세 명의 말이면 없던 호랑이도 만들어 낸다)'라는 말도 있듯이, 어떤 이야기를 들으면 그것이 사실인지 확인할 필요가 있어요. 인터넷으로 많은 정보를 접할 수 있는 요즘은 사실을 확인하는 태도가 더욱 필요해요. 비슷한 사례를 찾아 이야기해 보세요.
• 최근 누군가 험담하는 말에 사실을 확인하지 않고 동조한 적이 있나요?

84
성심편

木從繩則直하고
목 종 승 즉 직

人受諫則聖이니라
인 수 간 즉 성

나무가 먹줄을 따르면 곧아지고,
사람이 충고를 받아들이면 성스러워진다.

木	從	繩	則	直			
나무 **목**	따를 **종**	먹줄 **승**	곧 **즉**	곧을 **직**			

人	受	諫	則	聖			
사람 **인**	받을 **수**	간할 **간**	곧 **즉**	성스러울 **성**			

인성
질문

• 믿을 만한 사람이 하는 충고는 받아들이면 도움이 됩니다. 나에게 진정한 충고를 해주는 사람은 누구인가요? 그 사람에게 감사의 마음을 전해 보세요.
• 다른 사람의 충고는 무엇이든 따라야 할까요? 어떤 충고는 받아들이고, 어떤 것은 그렇게 하지 말아야 할까요?

渴時一滴은 如甘露요
갈 시 일 적 　 여 감 로

醉後添盃는 不如無니라
취 후 첨 배 　 불 여 무

목마를 때 한 방울 물은 감로수와 같고,
취한 뒤에 더하는 잔은 없는 것만 못하다.

渴	時	一	滴	如	甘	露	
목마를 **갈**	때 **시**	한 **일**	물방울 **적**	같을 **여**	달 **감**	이슬 **로**	

醉	後	添	盃	不	如	無	
취할 **취**	뒤 **후**	더할 **첨**	잔 **배**	아닐 **불**	같을 **여**	없을 **무**	

인성
질문

• 뭐든지 지나친 것은 좋지 않아요. 과식해서 배탈이 나거나 힘들었던 적이 있나요? 먹고 마시는 것을 필요한 만큼만 하려면 어떻게 해야 할까요?
• 성어 '과유불급(過猶不及, 지나친 것은 모자란 것과 같다)'이라는 말처럼, 우리 생활에서 지나치게 해서 좋지 않은 것은 무엇이 있을까요?

德微而位尊하고 智小而謀大면
덕 미 이 위 존   지 소 이 모 대

無禍者鮮矣니라
무 화 자 선 의

덕이 부족하면서 지위가 높고, 지혜는 적은데 꾀하는 바가 크면,
화를 당하지 않는 자는 드물다.

德	微	而	位	尊	智	小	而
덕 **덕**	작을 **미**	말 이을 **이**	자리 **위**	높을 **존**	지혜 **지**	작을 **소**	말 이을 **이**

謀	大	無	禍	者	鮮	矣	
꾀할 **모**	큰 **대**	없을 **무**	재앙 **화**	사람 **자**	드물 **선**	어조사 **의**	

• 지위에 걸맞은 인격을 갖추었을 때 사람들에게 인정을 받아요. 나는 어떤 사람이 되고 싶나요? 그런 사람이 되기 위해서 무엇을 준비하면 좋을까요?
• 자기 능력 이상의 것을 욕심내면 이루기 힘들어요. 하지만 성장을 위해서는 때로는 욕심도 필요해요. 나는 어떤 목표를 위해 욕심을 부리고 싶은가요?

器滿則溢하고 人滿則喪이니라
기 만 즉 일 인 만 즉 상

그릇은 가득 차면 넘치고 사람은 자만하면 잃게 된다.

器	滿	則	溢	人	滿	則	喪
그릇 기	찰 만	곧 즉	넘칠 일	사람 인	찰 만	곧 즉	잃을 상
器	滿	則	溢	人	滿	則	喪
그릇 기	찰 만	곧 즉	넘칠 일	사람 인	찰 만	곧 즉	잃을 상

인성
질문

• 자만심으로 가득한 사람은 잠깐만 이야기를 나누어 봐도 알 수 있어요. 그런 사람들을 보면 어떤 마음이 드나요?
• 속담 '원숭이도 나무에서 떨어진다'는 말처럼, 자만심이 지나치면 실패하기 쉬워요. 왜 그럴지 생각해 보세요.

尺璧非寶요 寸陰是競이니라
척 벽 비 보   촌 음 시 경

한 자 크기의 옥이 보배가 아니니, 지극히 짧은 시간을 다투어 쓰라.

尺	璧	非	寶	寸	陰	是	競
자 **척**	구슬 **벽**	아닐 **비**	보배 **보**	마디 **촌**	시간 **음**	이 **시**	다툴 **경**

尺	璧	非	寶	寸	陰	是	競
자 **척**	구슬 **벽**	아닐 **비**	보배 **보**	마디 **촌**	시간 **음**	이 **시**	다툴 **경**

- 인생에서 가장 소중한 것은 시간이라 할 수 있어요. 시간을 허투루 쓰지 않는 방법에는 어떤 것이 있을까요?
- 시간을 잘 활용하려면 계획을 세워야 합니다. 오늘 하루를 어떻게 보냈는지 되돌아보고, 내일의 시간표를 작성해 보세요.

89 성심편

日月이 雖明이나
일   월   수 명

不照覆盆之下니라
부 조 복 분 지 하

해와 달이 비록 밝더라도,
엎어 놓은 그릇 밑은 비출 수 없느니라.

日	月	雖	明			
해 **일**	달 **월**	비록 **수**	밝을 **명**			

不	照	覆	盆	之	下	
아닐 **부**	비칠 **조**	엎어질 **복**	동이 **분**	어조사 **지**	아래 **하**	

인성 질문

- 아무리 좋은 충고를 해도 상대방의 마음이 엎어 놓은 그릇처럼 닫혀 있으면 생각과 말, 행동의 변화가 없을 거예요. 다른 사람의 마음을 열기 위해서는 어떻게 해야 할지 생각해 보세요.
- 나에게 진심을 다해 도움 주려는 사람의 마음을 받아 주지 않은 적이 있나요? 그 사람에게 전하고 싶은 말을 적어 보세요.

12장

입교편 立敎篇

'입교(立敎)'는 '가르침을 바로 세운다'라는 뜻이에요. 여기서 '가르침'에 해당하는 것은 삼강오륜, 충성 등 전통적인 유학에서 중시하는 가치이지요. 〈입교편〉에서는 가정과 사회의 유지를 위해 필요한 가치에 대해 강조하고 있어요. 옛사람들이 중요하게 여겼던 가치와 지금의 가치를 비교하며 읽어 보세요.

一生之計는 在於幼하고 一年之計는
일 생 지 계　　재 어 유　　일 년 지 계

在於春하고 一日之計는 在於寅이라
재 어 춘　　일 일 지 계　　재 어 인

일생의 계획은 유년 시절에 있고, 일 년의 계획은 봄에 있으며,
하루의 계획은 새벽에 있다.

一	生	之	計	在	於	幼	一	年	之	計	在
한 **일**	날 **생**	어조사 **지**	헤아릴 **계**	있을 **재**	어조사 **어**	어릴 **유**	한 **일**	해 **년**	어조사 **지**	헤아릴 **계**	있을 **재**

於	春	一	日	之	計	在	於	寅			
어조사 **어**	봄 **춘**	한 **일**	날 **일**	어조사 **지**	헤아릴 **계**	있을 **재**	어조사 **어**	셋째 지지 **인**			

*인시(寅時) : 새벽 3시에서 5시까지.

인성 질문

• 계획을 처음 세울 때부터 완벽할 수는 없어요. 하지만 계획이 있는 것과 없는 것은 다르지요. 하루를 어떻게 보낼지 아침에 계획을 세워 보세요.

• 스페인의 작가 발타자르 그라시안은 '새벽 세 시간을 얻으면 또 하나의 인생을 가질 수 있다'라고 말했어요. 나의 성장과 발전을 위해 아침에 일찍 일어나서 할 수 있는 것이 무엇일지 생각해 보세요.

三綱은 君爲臣綱이요
삼 강 군 위 신 강

父爲子綱이요 夫爲婦綱이니라
부 위 자 강 부 위 부 강

세 가지 벼리가 있으니, 임금은 신하의 벼리가 되고,
아버지는 자식의 벼리가 되며, 남편은 아내의 벼리가 된다.

三	綱	君	爲	臣	綱		
석 **삼**	벼리 **강**	임금 **군**	할 **위**	신하 **신**	벼리 **강**		

父	爲	子	綱	夫	爲	婦	綱
아버지 **부**	할 **위**	아들 **자**	벼리 **강**	지아비 **부**	할 **위**	지어미 **부**	벼리 **강**

인성
질문

- '벼리'라는 것은 그물을 한 번에 오므릴 수 있게 꿰어 놓은 줄이에요. 종종 '본보기'나 '뼈대'를 벼리에 빗대 지요. 옛사람들은 임금, 아버지, 남편은 각각 신하, 자식, 아내의 벼리가 되어야 한다고 생각했어요. 오늘날 에도 이 말을 그대로 적용할 수 있을지 생각해 보세요.
- 가족은 서로에게 본보기가 되면 좋겠지요? 어떻게 하면 내가 가족들의 본보기가 될지 생각해 보세요.

作事를 必謀始하며
작 사　필 모 시

出言을 必顧行하라
출 언　필 고 행

일할 때는 반드시 계획을 세워 시작하라.
말을 내뱉을 때는 반드시 그 실행을 생각하라.

作	事	必	謀	始			
행할 **작**	일 **사**	반드시 **필**	꾀할 **모**	시작할 **시**			

出	言	必	顧	行			
날 **출**	말씀 **언**	반드시 **필**	돌아볼 **고**	행할 **행**			

인성
질문

- 계획 없이 일을 시작해서 곤란했던 경험이 있었나요? 그때 어떻게 계획을 세웠으면 좋았을지 생각해 보세요.
- 말만 장황하게 늘어놓고 실제로 행동하지 않는 사람은 다른 사람들의 신뢰를 얻기 힘들어요. 말한 것을 실천하기 위해서는 어떤 습관이 필요할까요?

凡借人物에
범 차 인 물

不可損壞不還이라
불 가 손 괴 불 환

다른 사람의 물건을 빌리고 나서,
상하게 하거나 돌려주지 않으면 안 된다.

凡	借	人	物			
무릇 **범**	빌릴 **차**	사람 **인**	물건 **물**			

不	可	損	壞	不	還	
아닐 **불**	가히 **가**	잃을 **손**	망가질 **괴**	아닐 **불**	돌아올 **환**	

• 우리가 다른 사람과 함께 살아가려면 사람 사이에서 기본적인 예의를 지켜야 해요. 남의 물건을 빌려서 쓰고 돌려주지 않은 경험이 있나요? 물건 주인에게 사과의 말을 전해 보세요.
• 상대방의 입장에서 생각해 보면, 내 어떤 행동이 예의 바른 것인지, 그렇지 않은 것인지 알 수 있어요. 최근에 다른 사람에게 예의에 어긋난 행동을 한 적이 있는지 생각해 보세요.

富者는 用之有節이니라
부　자　　　용　지　유　절

부유한 자는 재물을 쓰는 데 절도가 있다.

富	者	用	之	有	節		
부유할 **부**	사람 **자**	쓸 **용**	어조사 **지**	있을 **유**	절도 **절**		

富	者	用	之	有	節		
부유할 **부**	사람 **자**	쓸 **용**	어조사 **지**	있을 **유**	절도 **절**		

인성
질문

- 돈을 쓸 때 원칙이 없으면 낭비하기 쉬워요. 절약하면서 돈을 쓰는 나만의 원칙이 있다면 소개해 보세요.
- 재물을 모으기만 한다고 좋은 것일까요? 제주도의 거상이었던 김만덕처럼 현명하게 쓰는 것이 필요해요. 이와 같은 본보기를 찾아보세요.

13장 치정편 治政篇

'치정(治政)'은 '정사(政事)를 다스린다'라는 말로, 〈치정편〉에서는 나라에 충성하고 백성을 위하는 공직자의 마음가짐과 자세를 강조하고 있지요. 특히 청렴함과 신중함, 부지런함과 같은 덕목은 오늘날 공직자뿐만 아니라 우리도 가슴에 새길 가치라고 할 수 있어요. 우리가 일상에서 나라를 위하고 아랫사람을 보살피는 마음가짐에는 무엇이 있을지 생각하며 읽어 보세요.

一命之士 苟有存心於愛物이면

일 명 지 사 구 유 존 심 어 애 물

於人에 必有所濟니라

어 인 필 유 소 제

처음 벼슬길에 오른 선비라도 진실로 만물을 사랑하는 데 마음을 둔다면,
반드시 다른 사람에게 도움이 되는 바가 있을 것이다.

一	命	之	士	苟	有	存	心	於	愛
한 **일**	명령 **명**	어조사 **지**	선비 **사**	진실로 **구**	있을 **유**	있을 **존**	마음 **심**	어조사 **어**	사랑 **애**

物	於	人	必	有	所	濟			
물건 **물**	어조사 **어**	사람 **인**	반드시 **필**	있을 **유**	바 **소**	도울 **제**			

- 처음 무엇을 시작할 때는 서투르기 마련이에요. 하지만 진심을 다해 사람과 일을 대한다면 분명히 도움이
될 거예요. 임무를 처음 맡았을 때 어떤 마음가짐을 가지면 좋을지 생각해 보세요.
- 사명감으로 일하는 사람과 그렇지 않은 사람은 차이가 나요. '사명감(使命感)'의 뜻을 사전에서 찾아보고
어떤 사람들에게 꼭 필요한 가치일지 생각해 보세요.

當官者는 必以暴怒爲戒하라
당 관 자　필 이 폭 노 위 계

事有不可어든 當詳處之면 必無不中이니라
사 유 불 가　　당 상 처 지　필 무 부 중

관직에 있는 사람은 반드시 사납게 성내는 것을 경계해야 한다.
일에 옳지 않은 것이 있거든 마땅히 상세하게 살펴 처리하면
반드시 부합하지 않음이 없다.

當	官	者	必	以	暴	怒	爲	戒			
맡을 **당**	벼슬 **관**	사람 **자**	반드시 **필**	써 **이**	사나울 **폭**	성낼 **노**	할 **위**	경계할 **계**			

事	有	不	可	當	詳	處	之	必	無	不	中
일 **사**	있을 **유**	아닐 **불**	옳을 **가**	마땅 **당**	자세할 **상**	처리할 **처**	어조사 **지**	반드시 **필**	없을 **무**	아닐 **부(불)**	가운데 **중**

인성 질문

- 화를 내면 될 일도 잘되지 않아요. 문제가 생겼을 때 하나하나 살펴 차근차근 처리하면 해결의 실마리를 찾을 수 있어요. 어떤 문제가 발생했을 때 화내지 않고 잘 대처하려면 어떻게 해야 할지 생각해 보세요.
- 특히 관직에 있는 사람은 감정에 치우치지 않도록 주의해야 해요. 반장과 같은 리더가 자기 기분에 따라 행동한다면 어떻게 대처하는 것이 좋을까요?

迎斧鉞而正諫하며 據鼎鑊而盡言이면
영 부 월 이 정 간　　　거 정 확 이 진 언

此謂忠臣也이니라
차 위 충 신 야

도끼를 맞더라도 바르게 간언하고, 큰 솥에 삶아 죽이려 해도 할 말을 다하면,
이런 사람은 충신이라 할 수 있다.

迎	斧	鉞	而	正	諫	據	鼎	鑊	而
맞을 **영**	도끼 **부**	도끼 **월**	말 이을 **이**	바를 **정**	간할 **간**	누를 **거**	솥 **정**	가마솥 **확**	말 이을 **이**

盡	言	此	謂	忠	臣	也			
다할 **진**	말씀 **언**	이 **차**	이를 **위**	충성 **충**	신하 **신**	어조사 **야**			

인성
질문

• 부모님이나 선생님의 기분이 상할까 두려워서 할 말을 하지 못한 경우가 있나요?

• 물러서지 않고 할 말을 해야 할 때와 신중히 말을 아껴야 할 때를 잘 구별해야 해요. 만약 옳다고 생각하는 것이 있을 때, 분란을 일으키더라도 강하게 주장하는 것이 옳을까요? 아니면 상황에 맞게 침묵을 지키는 것이 좋을까요?

14장

치가편 治家篇

'치가(治家)'는 '집안을 다스린다'라는 말로, 가족이 서로를 위하는 마음이라고 생각하면 좋아요. 〈치가편〉에서는 사회의 근본인 가정과 가족 구성원에 대해 이야기하고 있어요. 일상에서 가족들이 서로 공경하고 가정이 화목할 수 있는 방법에는 무엇이 있을지 생각하며 읽어 보세요.

凡諸卑幼는 事無大小히
범 제 비 유　　사 무 대 소

母得專行하고 必咨稟於家長이니라
무 득 전 행　　필 자 품 어 가 장

무릇 지위가 낮고 나이 어린 사람은 일이 크건 작건,
제 마음대로 결정하지 말고 반드시 집안 어른에게 여쭤보고 해야 한다.

凡	諸	卑	幼	事	無	大	小		
무릇 **범**	모두 **제**	낮을 **비**	어릴 **유**	일 **사**	없을 **무**	큰 **대**	작을 **소**		

母	得	專	行	必	咨	稟	於	家	長
말 **무**	얻을 **득**	오로지 **전**	행할 **행**	반드시 **필**	물을 **자**	여쭐 **품**	어조사 **어**	집 **가**	어른 **장**

인성
질문

- 어른들에게 여쭤보지 않고 마음대로 행동했다가 곤란했던 경험이 있나요? 그때 만약 부모님이나 다른 어른들에게 조언을 구했다면 어떤 도움을 받을 수 있었을지 생각해 보세요.
- 언제까지 어른들에게 모든 것을 여쭤볼 수는 없을 거예요. 스스로 판단하고 행동하기 위해서는 어떻게 하면 좋을지 생각해 보세요.

待客엔 不得不豊이요
대 객　　부 득 불 풍

治家엔 不得不儉이니라
치 가　　부 득 불 검

손님을 대접함에는 풍성하게 하지 않을 수 없고,
집안일을 다스림에는 검소하게 하지 않을 수 없다.

待	客	不	得	不	豊		
대접할 **대**	손 **객**	아닐 **부(불)**	얻을 **득**	아닐 **불**	풍성할 **풍**		

治	家	不	得	不	儉		
다스릴 **치**	집 **가**	아닐 **부(불)**	얻을 **득**	아닐 **불**	검소할 **검**		

인성
질문

- 집에 손님이 오셨을 때 부모님은 어떻게 손님을 대접했나요? 그것을 보고 무엇을 느꼈나요?
- 검소한 습관을 들이면 불필요한 낭비를 줄일 수 있어요. 지금보다 검소하게 생활하기 위해서 무엇부터 실천하면 좋을지 생각해 보세요.

凡使奴僕에 先念飢寒하라
범 사 노 복   선 념 기 한

무릇 하인을 부릴 때 그들이 배고픈지 추운지를 먼저 생각하라.

凡	使	奴	僕	先	念	飢	寒
무릇 **범**	하여금 **사**	종 **노**	종 **복**	먼저 **선**	생각 **념**	주릴 **기**	찰 **한**

凡	使	奴	僕	先	念	飢	寒
무릇 **범**	하여금 **사**	종 **노**	종 **복**	먼저 **선**	생각 **념**	주릴 **기**	찰 **한**

**인성
질문**

• 속담 '동생의 말도 들어야 형의 말도 듣는다'는 말처럼, 아랫사람을 존중할 때, 윗사람도 존경받을 수 있어요. 아랫사람을 무시했다가 오히려 곤혹스러웠던 적이 있나요?

• 윗사람이 되어 아랫사람을 함부로 부리는 사람들은 누구에게도 존경받지 못해요. 뉴스나 주변에서 이런 경우가 있는지 찾아 이야기해 보세요.

子孝雙親樂이요
자 효 쌍 친 락

家和萬事成이니라
가 화 만 사 성

자식이 효도하면 부모가 즐겁고,
집안이 화목하면 모든 일이 이루어진다.

子	孝	雙	親	樂			
아들 **자**	효도 **효**	두 **쌍**	어버이 **친**	즐길 **락**			

家	和	萬	事	成			
집 **가**	화목할 **화**	일만 **만**	일 **사**	이룰 **성**			

- 효도는 거창한 것이 아니라, 작은 것이라도 부모님께서 기뻐하시는 일을 하는 것이랍니다. 어떤 행동이 부모님을 기쁘게 할까요?
- 집안이 화목해야 모든 일이 이루어져요. 집안이 화목하지 않을 때 내가 어떤 역할을 하면 좋을지 생각해 보세요.

時時防火發하고
시　시　방　화　발

夜夜備賊來니라
야　야　비　적　래

때때로 불이 나는 것을 막고,
밤마다 도둑이 오는 것을 방비하라.

時	時	防	火	發			
때 시	때 시	막을 방	불 화	일어날 발			

夜	夜	備	賊	來			
밤 야	밤 야	갖출 비	도둑 적	올 래			

인성
질문

• 이 말은 항상 잘 준비하여 재앙을 미리 막으라는 뜻이에요. 평소에 우리 생활에서 안전사고를 막을 수 있
　는 방법에는 어떤 것이 있을지 떠올려 보세요.
• 성어 '망양보뢰(亡羊補牢, 양을 잃고 우리를 고친다)'와 연결해서 이 말의 의미를 생각해 보세요.

觀朝夕之早晏하여
관 조 석 지 조 안

可以卜人家之興替니라
가 이 복 인 가 지 흥 체

아침저녁의 이름과 늦음을 보면,
그 집안의 흥함과 쇠함을 점칠 수 있다.

觀	朝	夕	之	早	晏	
볼 **관**	아침 **조**	저녁 **석**	어조사 **지**	이를 **조**	늦을 **안**	

可	以	卜	人	家	之	興	替
가히 **가**	써 **이**	점칠 **복**	사람 **인**	집 **가**	어조사 **지**	일으킬 **흥**	쇠할 **체**

인성
질문

• 집안사람들이 아침에 일찍 일어나 부지런히 활동하면 그 집은 대개 잘된다고 해요. 부지런한 생활 습관은
  왜 좋은지 생각해 보세요.
• 부지런하게 생활하기 위해 지금 당장 실천할 수 있는 것은 무엇인지 종이에 적어 보고, 하루 계획을 세워
  보세요.

15장

안의편 安義篇

'안의(安義)'는 '의(義)를 따라 편안하다'라는 뜻이에요. '의(義)'는 '사람 사이에 마땅히 그러해야 하는 것'이에요. 〈안의편〉에서는 형제와 부부, 벗 사이에 마땅히 그러해야 하는 도리에 대해 강조하고 있어요. 가족·친구 사이에 지켜야 할 도리에는 무엇이 있을지 생각하며 읽어 보세요.

兄弟는 爲手足하고 夫婦는 爲衣服이니
형 제　위 수 족　　부 부　위 의 복

衣服破時엔 更得新이어니와
의 복 파 시　갱 득 신

手足斷處엔 難可續이니라
수 족 단 처　난 가 속

형제는 손발과 같고, 부부는 의복과 같다.
의복이 해지면 다시 새것을 얻으면 되지만, 손발이 잘리면 이어 붙이기 어렵다.

兄	弟	爲	手	足	夫	婦	爲	衣	服	衣	服
형 **형**	아우 **제**	할 **위**	손 **수**	발 **족**	지아비 **부**	지어미 **부**	할 **위**	옷 **의**	옷 **복**	옷 **의**	옷 **복**

破	時	更	得	新	手	足	斷	處	難	可	續
깨뜨릴 **파**	때 **시**	다시 **갱**	얻을 **득**	새 **신**	손 **수**	발 **족**	끊을 **단**	곳 **처**	어려울 **난**	가히 **가**	이을 **속**

인성
질문

- 형제는 혈연이고 부부는 인연이에요. 핏줄은 바꿀 수 없다고 해요. 오늘날에는 이 말을 부부든 형제든 가족은 소중하다는 뜻으로 해석해도 좋아요. 형제끼리 우애 있게 지내려면 어떻게 하면 좋을지 생각해 보세요.
- '동근연지(同根連枝, 같은 뿌리와 연결된 나뭇가지 – 형제자매를 나타내는 말)'라는 말과 연결해서 형제의 의미에 대해서 생각해 보세요.

105
안의편

富不親兮貧不疎는
부 불 친 혜 빈 불 소

此是人間大丈夫니라
차 시 인 간 대 장 부

부유하다고 친해지려 하지 않고, 가난하다고 멀리하지 않으면,
이는 사람 가운데 대장부다.

富	不	親	兮	貧	不	疎	
부유할 **부**	아닐 **불**	친할 **친**	어조사 **혜**	가난할 **빈**	아닐 **불**	성길 **소**	

此	是	人	間	大	丈	夫	
이 **차**	이 **시**	사람 **인**	사이 **간**	큰 **대**	어른 **장**	사나이 **부**	

인성
질문

• 부유함을 기준으로 사람을 사귀는 사람이 있다면 그 사람과는 어떻게 관계를 맺으면 좋을까요?
• 사람을 사귈 때 어떤 기준으로 사귀면 좋을까요? 그 사람의 외모나 처지로 판단하지 않고, 진심으로 다가
가려면 어떤 노력을 해야 할지 생각해 보세요.

16장

준례편 遵禮篇

'준례(遵禮)'는 '예(禮)를 따른다'라는 말이에요. 예는 사람들 사이에서 지켜야만 하는 최소한의 규칙이에요. 〈준례편〉에서는 예의 정신과 겉치레에 빠지지 않은 진정한 예에 대해 강조하고 있어요. 남을 대할 때 자신을 대하듯 공경하고, 예에 어긋나지 않도록 절제하는 방법에는 무엇이 있을지 생각하며 읽어 보세요.

106
준례편

君子有勇而無禮면 爲亂하고
군 자 유 용 이 무 례 위 란

小人有勇而無禮면 爲盜니라
소 인 유 용 이 무 례 위 도

군자가 용기는 있으나 예가 없으면 난을 일으키고,
소인이 용기는 있으나 예가 없으면 도적이 된다.

君	子	有	勇	而	無	禮	爲	亂	
어진 이 **군**	사람 **자**	있을 **유**	용기 **용**	말 이을 **이**	없을 **무**	예절 **례**	할 **위**	어지러울 **란**	

小	人	有	勇	而	無	禮	爲	盜	
작을 **소**	사람 **인**	있을 **유**	용기 **용**	말 이을 **이**	없을 **무**	예절 **례**	할 **위**	도둑 **도**	

인성
질문

- 여기서 '예'의 의미는 '절제, 자기 분수를 지키는 것'이라고 해요. 어떻게 하면 자기 분수를 지키고 절제하는 사람이 될 수 있을까요? 어떤 마음을 경계해야 할지 생각해 보세요.
- '지치근용(知恥近勇, 부끄러움을 아는 것은 용기에 가깝다)'이라는 말과 연결해서 더 깊이 있게 생각해 보세요.

出門에 如見大賓하고
출 문　여 견 대 빈

入室에 如有人이니라
입 실　여 유 인

문을 나설 때는 큰손님을 뵙듯이 하고,
방에 들어올 때는 사람이 있는 듯이 하라.

出	門	如	見	大	賓		
날 **출**	문 **문**	같을 **여**	볼 **견**	큰 **대**	손님 **빈**		

入	室	如	有	人			
들 **입**	집 **실**	같을 **여**	있을 **유**	사람 **인**			

**인성
질문**

- 편하면서도 단정하게 옷을 입었을 때 마음을 편하게 가질 수 있어요. 단정하고 예의 바른 옷차림새는 어떤
  것인지 생각해 보세요.
- 만약 누가 내 옷차림이나 외모에 대해서 지적한다면 어떻게 대처하면 좋을까요?

108
준례편

若要人重我인댄
약 요 인 중 아

無過我重人이니라
무 과 아 중 인

만약 다른 사람이 나를 소중하게 대해 주기를 원한다면,
내가 다른 사람을 소중하게 대하는 것보다 나은 것이 없다.

若	要	人	重	我			
만약 **약**	바랄 **요**	사람 **인**	소중할 **중**	나 **아**			

無	過	我	重	人			
없을 **무**	지나칠 **과**	나 **아**	소중할 **중**	사람 **인**			

인성
질문

- 다른 사람이 나에게 이렇게 대해 주었으면 좋겠다고 생각나는 것이 있으면 적어 보세요. 그리고 적은 것을 먼저 다른 사람에게 실천해 보세요.
- 성어 '역지사지(易地思之, 처지를 바꾸어서 생각하여 보다)'와 연결해서 이 말의 의미를 생각해 보세요.

父不言子之德하며
부 불 언 자 지 덕

子不談父之過니라
자 부 담 부 지 과

아버지는 아들의 덕을 말하지 말 것이며,
아들은 아버지의 허물을 말하지 말 것이다.

父	不	言	子	之	德		
아버지 **부**	아닐 **불**	말씀 **언**	아들 **자**	어조사 **지**	덕 **덕**		

子	不	談	父	之	過		
아들 **자**	아닐 **부**	말씀 **담**	아버지 **부**	어조사 **지**	허물 **과**		

인성
질문

- 가족을 어떻게 대해야 하는지 나타낸 말이에요. 밖에 나가서 집안사람을 자랑한다면 괜한 시기를 받을 수 있어요. 이런 경험이 있다면 얘기해 보세요.
- 가족이기 때문에 무조건 감싸는 경우가 많지요. 속담 '팔은 안으로 굽는다'와 연결해서 이 말의 의미를 생각해 보세요.

17장

언어편 言語篇

'언어(言語)'는 생각을 나타내는 말이나 글을 뜻해요. 즉 〈언어편〉에서는 말의 중요성에 대해 강조하고 있어요. 말조심은 여러 번 강조해도 지나치지 않아요. 함부로 말하지 않고, 이치에 맞게 말하는 방법에는 무엇이 있을지 생각하며 읽어 보세요.

言不中理면 不如不言이니라
언 부 중 리　　불 여 불 언

一言不中이면 千語無用이니라
일 언 부 중　　　천 어 무 용

말이 이치에 맞지 않으면 말을 하지 않느니만 못하다.
한 마디 말이 맞지 않으면 천 마디 말도 쓸모없다.

言	不	中	理	不	如	不	言
말씀 **언**	아닐 **부(불)**	맞을 **중**	도리 **리**	아닐 **불**	같을 **여**	아닐 **불**	말씀 **언**

一	言	不	中	千	語	無	用
한 **일**	말씀 **언**	아닐 **부(불)**	맞을 **중**	일천 **천**	말씀 **어**	없을 **무**	쓸 **용**

인성
질문

- 자기 주장을 하기 위해 억지를 부린 적이 있나요? 스스로 논리에 맞지 않는 것을 깨달았을 때 어떤 기분이 들었나요?
- 이치에 맞지 않는 말을 하면 상대방은 더 이상 나를 신뢰하지 않아요. 신중하게 말하려면 어떤 방법이 있을지 생각해 보세요.

口舌者는 禍患之門이요
구 설 자 화 환 지 문

滅身之斧也니라
멸 신 지 부 야

입과 혀는 재앙과 근심의 문이며,
몸을 망치는 도끼다.

口	舌	者	禍	患	之	門	
입 구	혀 설	것 자	재앙 화	근심 환	어조사 지	문 문	

滅	身	之	斧	也			
멸할 멸	몸 신	어조사 지	도끼 부	어조사 야			

인성
질문

• 말은 사람들과 소통하는 아주 유용한 도구예요. 하지만 말을 많이 하다 보면 실수하는 경우가 종종 있어
요. 내가 표현하고자 하는 것을 잘 전달하기 위해서 말하는 것 말고 다른 방법이 있을지 생각해 보세요.
• 왜 옛 성현들은 말조심을 강조했을까요?

利人之言은 煖如綿絮하고
이 인 지 언　　난 여 면 서

傷人之語는 利如荊棘이니라
상 인 지 어　　이 여 형 극

다른 사람을 이롭게 하는 말은 솜처럼 따뜻하고,
다른 사람을 상하게 하는 말은 가시처럼 날카롭다.

利	人	之	言	煖	如	綿	絮
이로울 **이(리)**	사람 **인**	어조사 **지**	말씀 **언**	따뜻할 **난**	같을 **여**	솜 **면**	솜 **서**

傷	人	之	語	利	如	荊	棘
다칠 **상**	사람 **인**	어조사 **지**	말씀 **어**	날카로울 **이(리)**	같을 **여**	가시나무 **형**	가시 **극**

인성
질문

- 따뜻한 응원이나 삶에 도움이 되는 조언 등은 다른 사람을 이롭게 하는 말이에요. 가까운 한 사람을 떠올려 보고 그 사람에게 이로운 말을 전해 보세요.
- 사람을 상하게 하는 말에는 어떤 것이 있을까요? 속담 '혀 밑에 도끼 들었다'의 뜻을 생각하고, 이와 연결해서 얘기해 보세요.

逢人에 且說三分話하고
봉 인　　차 설 삼 분 화

未可全抛一片 心이니라
미 가 전 포 일 편 심

사람을 만나거든 열 마디 중 세 마디만 말하고,
한 조각 마음까지 모두 던져서는 안 된다.

逢	人	且	說	三	分	話	
만날 **봉**	사람 **인**	우선 **차**	말씀 **설**	석 **삼**	나눌 **분**	말씀 **화**	

未	可	全	抛	一	片	心	
아닐 **미**	가히 **가**	온전할 **전**	던질 **포**	한 **일**	조각 **편**	마음 **심**	

인성
질문

- 말하고 싶은 욕구는 어지간해서는 참기 힘든 경우가 많아요. 사람들은 왜 말하고 싶은 욕구를 참기 어려워
  할까요?
- 쓸데없는 말까지 해서 곤란한 일을 겪은 적이 있나요? 속담 '말이 많으면 쓸 말이 적다'의 뜻을 생각하고,
  이와 연결해서 이야기해 보세요.

18장

교우편 交友篇

'교우(交友)'는 '벗(친구)을 사귀다'는 뜻이에요. 〈교우편〉에서는 친구의 사귐에 대해 알려 주고 있어요. 친구는 좋은 일과 궂은 일을 함께 겪으면서 사람됨을 보고 사귀어야 하지요. 진실하지 않은 친구는 이익을 따지지만, 진정한 친구는 의리를 중요하게 생각하지요. 내 주변의 친구는 어떤지, 또 나는 어떤 친구인지 생각하며 읽어 보세요.

114
교우편

與好學人同行이면 如霧露中行하여
여 호 학 인 동 행　　여 무 로 중 행

雖不濕衣라도 時時有潤이니라
수 불 습 의　　시 시 유 윤

배움을 좋아하는 사람과 함께 가면 안개 속을 가는 것과 같아서,
비록 옷은 젖지 않더라도 점차 물기가 배어 축축하게 된다.

與	好	學	人	同	行	如	霧	露	中
더불 **여**	좋을 **호**	배울 **학**	사람 **인**	함께 **동**	다닐 **행**	같을 **여**	안개 **무**	이슬 **로**	가운데 **중**

行	雖	不	濕	衣	時	時	有	潤	
다닐 **행**	비록 **수**	아닐 **불**	젖을 **습**	옷 **의**	때 **시**	때 **시**	있을 **유**	젖을 **윤**	

인성
질문

- 중국의 공자는 '학이시습지, 불역열호(學而時習之, 不亦說乎, 배우고 때때로 익히면 또한 즐겁지 않겠는가)'라고 말했어요. 왜 공자는 배움을 기쁨이라고 했을까요?
- 친구가 좋아하는 것을 따라서 좋아한 경험이 있나요? 주변 친구들이 무엇을 좋아하는지 떠올려 보고 서로 어떤 영향을 주고 있는지 생각해 보세요.

140

115
교우편

相識이 滿天下하되
상 식 만 천 하

知心能幾人고
지 심 능 기 인

서로 알고 지내는 사람이 세상에 가득하지만,
마음을 알아주는 사람은 몇이나 되겠는가?

相	識	滿	天	下			
서로 **상**	알 **식**	찰 **만**	하늘 **천**	아래 **하**			

知	心	能	幾	人			
알 **지**	마음 **심**	능할 **능**	몇 **기**	사람 **인**			

인성
질문

- 옛날 거문고의 명인인 백아가 자기 음악을 잘 이해해 준 벗, 종자기를 향해 '지음(知音)'이라고 했어요. 이렇게 나를 잘 알고 이해해 주는 친구가 있나요? 또 생텍쥐페리의 소설 〈어린 왕자〉를 읽고 진정한 관계에 대해 더 깊이 생각해 보세요.
- 때로 가족이나 친구가 내 마음을 몰라줄 때 서운할 거예요. 이럴 때 어떻게 하면 좋을지 생각해 보세요.

不結子花는 休要種이요
불 결 자 화 　 휴 요 종

無義之朋은 不可交라
무 의 지 붕 　 불 가 교

열매 맺지 않는 꽃은 심지 말고,
의리 없는 친구는 사귀지 말라.

不	結	子	花	休	要	種	
아닐 **불**	맺을 **결**	열매 **자**	꽃 **화**	그칠 **휴**	반드시 **요**	심을 **종**	

無	義	之	朋	不	可	交	
없을 **무**	의리 **의**	어조사 **지**	벗 **붕**	아닐 **불**	가히 **가**	사귈 **교**	

인성
질문

- 의리 없는 친구 관계는 열매 맺지 않고 지고 마는 꽃처럼 허무할 수 있어요. 내가 생각하는 친구 간의 의리는 어떤 것인가요?
- 이익도 살아가는 데 중요하게 고려해야 할 요소예요. 성어 '견리사의(見利思義, 눈앞의 이익을 보면 의리를 먼저 생각하다)'와 연결해서, 이익과 의리가 충돌할 때는 어떻게 행동하면 좋을지 생각해 보세요.

君子之交는 淡如水하고
군 자 지 교   담 여 수

小人之交는 甘若醴니라
소 인 지 교   감 약 례

군자의 사귐은 물과 같이 담박하고,
소인의 사귐은 단술과 같이 달다.

君	子	之	交	淡	如	水	
어진 이 **군**	사람 **자**	어조사 **지**	사귈 **교**	맑을 **담**	같을 **여**	물 **수**	

小	人	之	交	甘	若	醴	
작을 **소**	사람 **인**	어조사 **지**	사귈 **교**	달 **감**	같을 **약**	단술 **례**	

인성
질문

- 물질보다는 의리를 소중하게 생각하는 관계가 진심 어린 관계라고 할 수 있어요. 친구 사이에 의리를 지키지 않는 사람이 있다면 어떻게 대해야 할지 생각해 보세요.
- 이익을 따르는 관계는 단술처럼 달지만, 이해관계가 엇갈리면 금방 깨지고 말아요. 내 주변의 관계를 생각해 보고 혹시 서로 간의 이익만을 생각하는 관계는 없는지 점검해 보세요.

路遙知馬力이요
노　요　지　마　력

日久見人心이니라
일　구　견　인　심

길이 멀어야 말의 힘을 알 수 있고,
시간이 오래 지나야 사람의 마음을 알 수 있다.

路	遙	知	馬	力			
길 노(로)	멀 요	알 지	말 마	힘 력			

日	久	見	人	心			
날 일	오랠 구	볼 견	사람 인	마음 심			

인성
질문

- 오랫동안 사귀어 봐야 사람의 진심을 알 수 있어요. 긴 시간 동안 만나 서로 마음이 통하는 친구를 떠올리고, 친구에게 믿음과 우정이 담긴 말을 전해 보세요.
- 속담 '친구는 옛 친구가 좋고 옷은 새 옷이 좋다'와 연결해서 이 말의 의미를 생각해 보세요.

19장

부행편 婦行篇

'부행(婦行)'은 '부녀자의 덕행'이라는 뜻이에요. 〈부행편〉은 옛사람들의 말이다 보니, 오늘날 관점에서는 남녀의 역할을 지나치게 구분한다는 생각이 들 수도 있어요. 남녀를 구분 짓지 말고, 화목한 가정을 만들려면 어떻게 해야 할지 생각하며 읽어 보세요.

賢婦는 令夫貴요
현 부 영 부 귀

佞婦는 令夫賤이니라
영 부 영 부 천

어진 아내는 남편을 커하게 하고,
간사한 아내는 남편을 천하게 한다.

賢	婦	令	夫	貴			
어질 **현**	지어미 **부**	하여금 **영(령)**	지아비 **부**	귀할 **귀**			

佞	婦	令	夫	賤			
간사할 **영(녕)**	지어미 **부**	하여금 **영(령)**	지아비 **부**	천할 **천**			

인성
질문

• 내가 누군가에게 귀하게 대접받으면 어떤 마음이 드나요? 다른 사람을 귀하게 대하면 어떤 점이 좋은지
  생각해 보세요.
• 가족은 항상 곁에 있기 때문에 소중함을 잊고 가끔 함부로 대하기도 해요. 내가 그런 적은 없는지 떠올려
  보고, 가족을 좀 더 소중하게 대하는 방법을 적어 보세요.

家有賢妻면
가 유 현 처

夫不遭橫禍니라
부 부 조 횡 화

집에 어진 아내가 있으면,
남편이 뜻밖의 재앙을 만나지 않는다.

家	有	賢	妻				
집 **가**	있을 **유**	어질 **현**	아내 **처**				

夫	不	遭	橫	禍			
지아비 **부**	아닐 **부(불)**	만날 **조**	뜻밖의 **횡**	재앙 **화**			

인성
질문

- 이 말은 남편과 아내가 서로 다독이고 응원할 때 가정이 화목하다는 뜻이에요. 가족이 중요한 일을 서로 의논하지 않았던 적이 있나요? 그때 어떤 일이 벌어졌나요?
- 친구 사이에서도 서로 현명한 조언을 해줄 수 있는 관계가 되면 좋겠지요? 가장 친한 친구를 떠올려 보고 그 친구의 성장을 위해서 해주고 싶은 말이 있다면 적어 보세요.

명심보감 **따라쓰기**

초 판 발 행	2023년 06월 20일 (인쇄 2023년 05월 25일)
초 판 2 쇄	2024년 04월 19일 (인쇄 2024년 03월 29일)
발 행 인	박영일
책 임 편 집	이해욱
저 자	임성훈
편 집 진 행	박유진
표 지 디 자 인	김지수
편 집 디 자 인	안시영, 채현주
발 행 처	시대인
공 급 처	(주)시대고시기획
출 판 등 록	제 10-1521호
주 소	서울시 마포구 큰우물로 75 [도화동 538 성지 B/D] 9F
전 화	1600-3600
팩 스	02-701-8823
홈 페 이 지	www.sdedu.co.kr

I S B N	979-11-383-5325-0 (43190)
정 가	10,000원